ARBINGER INSTITUTE BRASIL

Resolvendo conflitos

SEXTANTE

Título original: *The Anatomy of Peace*

Publicado em acordo com Berrett-Koehler Publishers, São Francisco.

Tradução
Ivo Korytowski

Preparo de originais
Luciano Trigo

Revisão
Ana Grillo e Luis Américo Costa

Projeto gráfico e diagramação
Ilustrarte Design e Produção Editoral

Capa
Miriam Lerner

Pré-impressão
ô de casa

Impressão e acabamento
Cromosete Gráfica e Editora Ltda.

CIP-BRASIL. CATALOGAÇÃO-NA-FONTE
SINDICATO NACIONAL DOS EDITORES DE LIVROS, RJ

R342

Resolvendo conflitos / Arbinger Institute Brasil; [tradução de Ivo Korytowski]. – Rio de Janeiro: Sextante, 2009.

Tradução de: The anatomy of peace
ISBN 978-85-7542-477-3

1. Conflito - Administração. 2. Conflito interpessoal. 3. Paz – Aspectos psicológicos. I. Arbinger Institute Brasil.

09-1080 CDD: 303.69
CDU: 316.485.6

GMT Editores Ltda.
Rua Voluntários da Pátria, 45 – Gr. 1.404 – Botafogo
22270-000 – Rio de Janeiro – RJ
Te.: (21) 2286-9944 — Fax: (21) 2286-9244
E-mail: atendimento@esextante.com.br
www.sextante.com.br

Sumário

Apresentação

É um grande prazer para nós do Arbinger Institute apresentar ao público brasileiro a primeira edição em português de *Resolvendo conflitos – A opção pela paz em organizações e famílias*. É também com entusiasmo que iniciamos nosso trabalho de consultoria no Brasil, para contribuir para a cultura de abertura, humanidade, alegria e criatividade que distingue os brasileiros.

O livro que você tem em mãos revela a essência do conflito humano, oferecendo uma solução original que vai além da simples mudança de comportamento. Nas palavras do filósofo e acadêmico Terry Warner, cujas idéias formam a base do conhecimento transformador do Arbinger Institute:

> *As pessoas podem mudar de maneira fundamental – em seus corações, não só em suas atitudes. (...)*
>
> *Por que, então, se podemos mudar, não o fazemos? Por que nos fechamos e nos mantemos atrelados à ansiedade, à desconfiança, ao ressentimento e ao ódio, se todos possuímos o poder de fazer o contrário? (...) Por que evitamos fazer as mudanças benéficas de que cada um de nós é capaz?*[*]

As respostas a essas perguntas estão relacionadas a um tema antigo nas ciências humanas, o auto-engano: o fato de não termos cons-

---

* Warner, C. Terry. *Bonds That Make Us Free*, 2001. pp. ix-x.

ciência de como criamos os conflitos dos quais nos queixamos e por que – por mais absurdo que pareça – resistimos a solucioná-los.

Descobrir a solução para o auto-engano significa descobrir a solução para a maioria dos conflitos humanos. O Arbinger Institute apresenta uma resposta prática, clara e, ao mesmo tempo, profunda a essa questão. É por isso que é possível tratar no mesmo livro da resolução de conflitos aparentemente díspares, tanto em famílias como em organizações, grupos e nações.

Para aqueles que já experimentaram essas idéias, a solução para o auto-engano revela algo inusitado: ao compreender como surgem os conflitos e como os alimentamos, encontramos alívio, esperança e alegria, nossos relacionamentos se renovam e, no trabalho, nos concentramos nos resultados positivos.

No ano de 2002, eu fui promovido na organização internacional em que trabalhava nos Estados Unidos. Meu novo cargo consistia em gerenciar sete diretores regionais ao redor do mundo. Ao final de três meses as metas estavam sendo alcançadas, todos faziam o que eu pedia e eu me sentia muito satisfeito por tudo estar correndo bem. Foi então que soube que um dos diretores regionais tinha ido se queixar de mim ao presidente. O problema, segundo ele, era que eu não escutava os outros, era autoritário e obsessivo e simplesmente não me conectava com os diretores, que só me apoiavam por causa do compromisso e do respeito que tinham pela organização. Eu nunca tinha pensando em mim daquela forma.

Resolvi, então, mudar a maneira como coordenava o grupo. Eu me esforcei para escutar e ser mais cordial, embora, no fundo, acreditasse que o problema era o excesso de sensibilidade desse diretor e que não havia nada que eu pudesse fazer a respeito.

Um ano depois, uma pessoa a quem admiro e que considero meu mentor recomendou-me um dos livros do Arbinger Institute. O impacto dessa leitura foi tamanho que entrei em um estado de completa paz e, durante uma semana, fui extremamente atencioso com todos. Foi como se o motor de meus problemas interpessoais tivesse sido desligado tanto no trabalho quanto em minha vida particular. Finalmente, compreendi onde havia falhado – o problema estava além das técnicas de comunicação e da minha conduta. Havia algo mais profundo e significativo em jogo, e esse algo foi determinante para a minha capacidade não só de influenciar positivamente os outros como também de ser produtivo no trabalho. Como disse Warner, esse algo é uma mudança em nossa "maneira de ser", uma mudança de coração.

Resolvendo conflitos nos convida a reencontrar um espaço de clareza, força e tranqüilidade dentro de nós mesmos e de profunda conexão e harmonia com os demais. Seu conteúdo e suas histórias servem de referência para todos os que buscam soluções criativas e de aplicação prática para os problemas da vida cotidiana, tanto no nível individual e familiar quanto no profissional.

Explorar esse material requer reflexão pessoal. Esse é um caminho que ninguém pode ou deve ser forçado a percorrer. Por isso, convidamos o leitor a testar essas idéias e ver de que maneira se relacionam com sua experiência de vida.

Desejamos sinceramente que cada um dos leitores brasileiros encontre neste livro os meios para alcançar resultados reais e duradouros para ficar em paz consigo mesmo e com todos aqueles com quem se relaciona.

Héctor Campero
Diretor e representante do Arbinger Institute no Brasil
brasil@arbinger.com

PARTE I

O coração da paz

1 • *Inimigos no deserto*

– Não vou! – O berro da adolescente atraiu a atenção de todos. – Vocês não podem me obrigar.

A mulher com quem ela estava gritando tentou argumentar:

– Jenny, ouça.

– Eu não vou! – Jenny gritou. – Não importa o que vocês digam. Eu não vou!

Naquele momento, a garota se virou e encarou um homem de meia-idade que parecia dividido entre abraçá-la ou se retirar discretamente.

Lou Herbert, que observava a cena do estacionamento em frente, soube que aquele era o pai de Jenny antes que falasse qualquer coisa. Ele podia mirar-se naquele homem. Reconheceu a dificuldade que sentia em relação ao seu próprio filho de 18 anos, Cory, que estava de pé, rígido, ao seu lado.

Cory passara recentemente um ano na prisão por porte de drogas. Menos de três meses após sair, voltou a ser preso, por roubar analgésicos controlados no valor de mil dólares, envergonhando ainda mais a si mesmo e sua família. *Acho bom este programa de tratamento fazer Cory melhorar*, Lou pensou. Olhou novamente para Jenny e seu pai, a quem ela agora se agarrava, desesperada. Lou estava contente por Cory ter sido enviado para lá por ordem judicial. Isso significava que uma cena como a de Jenny custaria a Cory outra estada na prisão. Lou estava certo de que a manhã decorreria sem incidentes.

– Lou, por aqui.

Carol, a mulher de Lou, chamou-o com um gesto. Lou puxou Cory pelo braço.

– Vamos, sua mãe está chamando.

– Lou, este é Yusuf al-Falah – ela disse, apresentando o homem ao lado dela. – O Sr. Al-Falah foi quem nos ajudou a organizar tudo para Cory.

– Claro – Lou disse, forçando um sorriso.

Yusuf al-Falah era a metade árabe de uma parceria estranha no deserto do Arizona. Um imigrante de Jerusalém, via Jordânia, viera aos Estados Unidos na década de 1960 para aprimorar seus estudos e acabou ficando, tornando-se professor de pedagogia na Arizona State University. No verão de 1978, fez amizade com um jovem e amargurado israelense, Avi Rozen, que viera aos Estados Unidos após a morte do pai na Guerra do Yom Kippur, em 1973. Na época, Avi estava prestes a ser expulso do colégio. Num programa experimental, ele e outros maus alunos receberam uma chance de reabilitar seus históricos universitários durante um longo verão nas montanhas e desertos do Arizona. Al-Falah, 15 anos mais velho que Rozen, liderava o programa.

Um curso de sobrevivência de 40 dias, o tipo de experiência de que árabes e israelenses da época de Al-Falah e Rozen se haviam saturado em sua juventude. Naqueles 40 dias, os dois homens criaram um vínculo. Um deles muçulmano e o outro judeu, ambos consideravam a terra – às vezes exatamente a mesma terra – como sagrada. Com base nesse respeito compartilhado pelo solo, desenvolveu-se gradualmente um respeito mútuo, apesar de suas diferenças religiosas e do conflito que dividia seus povos. E assim nasceu o Camp Moriah, uma instituição cujo objetivo era a recuperação de jovens e casais.

Pelo menos, foi o que disseram a Lou.

No fundo, ele desconfiava disso tudo. Para ele, aquilo cheirava a relações públicas, um jogo que Lou conhecia muito bem por sua própria experiência com marketing. *Venham ser curados por dois ex-inimigos que agora criam suas famílias juntos, em paz.* Quanto mais pensava na história de Al-Falah e Rozen, menos acreditava nela.

Ele tinha todos os motivos do mundo para não vir. Cinco executivos tinham deixado recentemente a sua empresa, colocando em risco a organização. Se era para passar dois dias longe, como Al-Falah e Rozen exigiam, melhor seria relaxar num campo de golfe ou à beira de uma piscina, em vez de ficar sofrendo com um grupo de pais desesperados.

– Obrigado por nos ajudar – ele disse a Al-Falah, simulando gratidão. Continuou observando a adolescente com o canto do olho. Ela continuava gritando em meio a soluços, agarrando-se ao pai, e o arranhava. – Parece que vocês estão bem ocupados aqui.

Os olhos de Al-Falah brilharam em meio a um sorriso.

– Com certeza. Os pais podem ficar bem nervosos em ocasiões como esta.

Os pais? Lou pensou. *Quem está histérica é a filha.* Mas Al-Falah já tinha puxado conversa com Cory antes que Lou pudesse fazer essa observação.

– Você deve ser Cory.

– Sou eu mesmo – Cory respondeu com petulância. Lou registrou sua desaprovação pressionando com o dedo o bíceps do filho. Cory contraiu o músculo em resposta.

– Prazer em conhecê-lo, rapaz – Al-Falah disse, ignorando o tom de Cory. – Estava ansioso por isso. – Insistente, acrescentou: – Com certeza mais do que você. Você não parece entusiasmado por estar aqui.

Cory não respondeu imediatamente.

– Não, realmente não – enfim disse, livrando o braço do aperto do pai. Por reflexo, esfregou o braço como que para remover sinais do apertão de Lou.

– Não culpo você – Al-Falah disse, olhando para Lou e depois de volta para Cory. – Sabe de uma coisa? – Cory fitou-o preocupado. – Eu me surpreenderia se você se sentisse assim por muito tempo. É possível. Mas eu me surpreenderia. – Deu um tapinha nas costas de Cory. – Estou contente com sua presença aqui, Cory.

– Tudo bem – Cory disse, menos bruscamente que antes. Depois, recompondo-se, sussurrou: – Até parece...

Lou lhe lançou um olhar irado.

– Então, Lou – Al-Falah disse –, você também não parece muito empolgado por estar aqui, não é?

– Pelo contrário – Lou respondeu, forçando um sorriso. – Estamos muito contentes por termos vindo.

Carol, de pé ao seu lado, sabia que aquilo não era verdade. Mas ele tinha vindo, isso ela tinha que admitir. Lou costumava reclamar, mas no final fazia a escolha certa. Ela tentou permanecer concentrada nesse aspecto positivo.

– Estamos contentes com sua presença aqui, Lou – Al-Falah respondeu. Voltando-se para Carol, acrescentou: – Sabemos o que significa para uma mãe deixar o filho nas mãos de estranhos. É uma honra você nos dar esse privilégio.

– Obrigada, Sr. Al-Falah – Carol disse. – Significa muito ouvi-lo dizer isso.

– Sim, é o que sentimos – ele respondeu. – E, por favor, me chamem de Yusuf. Você também, Cory – ele disse, virando-se na direção de Cory. – Na verdade, especialmente você. Por favor, me chame de Yusuf. Ou "Yusi", se quiser. É como a maioria dos jovens me chama.

Em vez do sarcasmo arrogante exibido até então, Cory simplesmente assentiu com a cabeça.

Alguns minutos depois, Carol e Lou observaram Cory entrar numa van com os outros jovens que passariam os próximos 60 dias na natureza selvagem. Todos menos a garota Jenny, que, ao perceber que o pai não a salvaria, atravessou a rua correndo e se sentou, hostil, sobre um muro de concreto. Lou notou que ela estava descalça. Erguendo o olhar para o sol matinal do Arizona, pensou: *Uma hora ela vai ter que tomar juízo*.

Os pais de Jenny pareciam perdidos. Lou viu Yusuf caminhar até eles, e alguns minutos depois os pais entraram no prédio, olhando para trás uma última vez, para ver a filha. Jenny chorava enquanto eles atravessaram a porta, desaparecendo da visão dela.

Lou e Carol ficaram circulando pelo estacionamento com outros pais, conversando sobre generalidades. Bateram papo com um homem chamado Pettis Murray, de Dallas, Texas; um casal de sobrenome Lopez, de Corvallis, Oregon; e uma mulher chamada Elizabeth Wingfield, de Londres. A Sra. Wingfield estava morando em Berkeley, Califórnia, onde seu marido era professor visitante de Estudos do Oriente Médio. Sua atração por Camp Moriah se deveu sobretudo à curiosidade sobre os fundadores e sua história. Ela acompanhava, um tanto relutante, o sobrinho, cujos pais não podiam arcar com a viagem da Inglaterra.

Carol fez uma observação sobre a diversidade geográfica do grupo, e, embora todos assentissem com a cabeça e sorrissem, era óbvio que mal prestavam atenção à conversa. A maioria dos pais estava preocupada com seus filhos na van e lançava olhares furtivos em sua direção mais ou menos a cada minuto. Quanto a Lou, estava intrigado: por que ninguém tomava uma providência em relação a Jenny?

Lou ia perguntar a Yusuf o que ele faria para que o veículo pudesse partir, levando seus filhos para a natureza. Nesse exato momento, Yusuf deu um tapinha nas costas do homem com quem estava conversando e começou a andar em direção à rua. Jenny nem reagiu.

– Jenny – chamou-a –, tudo bem?

– O que você acha? – ela gritou de volta. – Você não pode me obrigar a ir, não pode!

– Você está certa, Jenny, não podemos. Nem o faríamos. Ir ou não depende de você.

Lou voltou-se para a van na esperança de que Cory não tivesse ouvido aquilo. *Talvez você não possa obrigá-lo a ir, Yusi*, ele pensou, *mas eu posso. Idem o tribunal.*

Yusuf não disse nada durante um minuto. Simplesmente ficou ali, olhando a garota do outro lado da rua, enquanto carros passavam entre eles.

– Se importa se eu for até aí, Jenny? – enfim propôs.

Ela não respondeu.

– Vou aí, e podemos conversar.

Yusuf atravessou a rua e sentou-se na calçada. Lou tentou ouvir o que estavam dizendo, mas sem sucesso, por causa da distância e do tráfego.

– Muito bem, está na hora de todos nós começarmos.

Todos se voltaram na direção da voz. Um homem baixo, de aspecto jovem, levemente rechonchudo, estava de pé na entrada do prédio, ostentando o que pareceu a Lou um sorriso exagerado. Seus cabelos espessos faziam com que parecesse mais jovem do que era.

– Entrem, por favor – ele disse. – Acho que está na hora de começarmos.

– E nossos filhos? – Lou protestou, apontando para o veículo parado.

– Daqui a pouco vão partir, com certeza – o homem respondeu. – Vocês tiveram a chance de se despedir, não tiveram?

Todos fizeram sinal de sim com a cabeça.

– Bom. Então por aqui, por favor.

Lou lançou um último olhar ao veículo. Cory olhava para a frente, aparentemente sem prestar atenção neles. Carol chorava e acenava para ele mesmo assim, enquanto os pais se misturavam ao passar pela porta.

– Avi Rozen – o homem de cabelos espessos se apresentou, ao dar a mão a Lou.

– Lou e Carol Herbert – Lou respondeu, no tom formal que usava com aqueles que trabalhavam para ele.

– Prazer em conhecê-lo, Lou. Seja bem-vinda, Carol – Avi disse com um sinal encorajador da cabeça.

Todos marcharam em fila porta adentro e subiram as escadas. Aquela seria a casa deles nos próximos dois dias. *Dois dias durante os quais é bom a gente descobrir o que eles vão fazer para corrigir nosso filho*, Lou pensou.

Lou percorreu a sala com os olhos. Cerca de dez cadeiras estavam dispostas em forma de U. Lou sentou-se na cadeira da frente. O pai e a mãe de Jenny ficaram do lado oposto. O rosto da mãe estava tenso e preocupado. Manchas vermelhas cobriam a pele de seu pescoço e avançavam pela face. O pai fitava o chão, inexpressivo.

Atrás deles, Elizabeth Wingfield (um pouco elegante demais, Lou pensou, em seu terninho feminino executivo) apanhava uma xícara de chá, junto à parede mais afastada da sala.

Enquanto isso, Pettis Murray, o sujeito de Dallas, pegava um lugar mais ou menos na metade do semicírculo, à direita de Lou. Pareceu bem elegante para Lou, com ar de executivo: cabeça erguida, maxilar imóvel, cauteloso.

O casal do outro lado de Pettis não poderia ser mais contrastante. Miguel Lopez era um homem enorme, tatuagens cobriam quase cada centímetro quadrado dos seus braços expostos. Sua barba e seu bigode, de tão espessos, faziam com que uma bandana preta amarrada com firmeza ao redor da cabeça fosse a única coisa que impedia que os pêlos cobrissem completamente seu rosto. Já sua mulher, Rita, medindo pouco mais de um metro e meio, tinha uma constituição esguia. No estacionamento, ela tinha sido a mais faladora do grupo, enquanto Miguel ficara em silêncio. Rita balançou a cabeça para Lou, os cantos da boca querendo se abrir num sorriso. Ele inclinou a cabeça para ela, em agradecimento, e continuou examinando a sala.

Nos fundos, Lou viu uma pessoa que se mantinha discreta e que ele ainda não tinha percebido: uma mulher negra, aparentando uns 45 anos. Ao contrário dos outros com filhos no programa de tratamento, ela não tinha saído para se despedir. Lou se perguntou se ela trouxera um filho, se trabalhava em Camp Moriah ou se estaria ali por outro motivo.

Lou se voltou para a frente da sala, com os braços cruzados. Uma coisa que detestava era perder tempo, e parecia que não tinham feito nada além disso desde que chegaram.

– Obrigado a todos vocês por terem vindo – Avi agradeceu, ao se dirigir à frente. – Eu estava ansioso por me encontrar com vocês pessoalmente e conhecer seus filhos. Antes de mais nada, sei que estão preocupados com eles. Especialmente vocês, Teri e Carl – ele disse, olhando por um momento os pais de Jenny. – A sua presença aqui é prova de seu amor pelos filhos. Não precisam se preocupar. Cuidaremos bem deles. Na verdade – ele disse, após uma breve pausa –, eles não são minha preocupação principal.

– Quem é, então? – Rita perguntou.

– São vocês, Rita. Todos vocês.

– Nós? – Lou repetiu surpreso.

– Sim – Avi sorriu.

Lou não era o tipo da pessoa que recuasse diante de um desafio. No Vietnã, servira como sargento no Corpo de Fuzileiros Navais, e aquela experiência terrível o havia endurecido e aguçado. Seus homens se referiam a ele como Herbert Fogo do Inferno, apelido que refletia sua natureza impetuosa e sua devoção incondicional ("que se danem as conseqüências") ao pelotão. Os soldados o temiam e reverenciavam: para a maioria, era a última pessoa na face da Terra com quem gostariam de passar um feriado, mas nenhum outro líder dos Fuzileiros Navais trouxera tantos homens de volta com vida.

– E por que somos a sua preocupação principal? – Lou perguntou, de forma incisiva.

– Porque vocês não acham que deveriam ser – Avi respondeu.

Lou riu polidamente:

– Estamos andando em círculos, não?

Os outros do grupo, como espectadores de um jogo de tênis, olharam de volta para Avi, esperando sua resposta.

Avi sorriu e olhou para o chão por um momento, pensando.

– Fale-nos sobre Cory, Lou – disse, finalmente. – Como ele é?

– Cory?

– Sim.

– É um rapaz de enorme talento, que está desperdiçando sua vida – Lou respondeu objetivamente.

– Mas é um menino maravilhoso – Carol interrompeu, olhando preocupada para Lou. – Cometeu alguns erros, mas basicamente é um bom rapaz.

– Bom rapaz? – Lou ridicularizou, perdendo seu ar sereno. – Ele é um *criminoso*, isso sim, e reincidente! Claro que tem capacidade para ser bom, mas só potencial não adianta. Não estaríamos aqui se ele fosse um rapaz tão bom assim.

Carol mordeu os lábios, e os outros pais e mães na sala se inquietaram.

Sentindo o mal-estar à sua volta, Lou inclinou-se para a frente e acrescentou:

– Desculpem a minha franqueza, mas não estou aqui para celebrar as realizações do meu filho. Francamente, estou de saco cheio.

A essa altura, a sra. Wingfield não resistiu e disse:

– Bem-vindo ao clube!

Isso criou um momento de descontração a que todos na sala se entregaram com prazer, em contraste com a agonia que vinha marcando as suas vidas ultimamente.

– Lou tem razão – Avi observou. – Estamos aqui não porque nossos filhos fizeram boas escolhas, mas porque fizeram escolhas erradas.

– É o que estou dizendo – Lou concordou, balançando a cabeça.

Avi sorriu.

– Então qual a solução? Como é que os problemas que vocês estão tendo em suas famílias podem ser resolvidos?

– Acho que é óbvio – Lou respondeu imediatamente. – Estamos aqui porque nossos filhos têm problemas. E Camp Moriah se dedica a ajudar os jovens a superar seus problemas. Certo?

Carol se irritou com o tom de Lou, como se estivesse na sala da diretoria: direto, desafiador e agressivo. Raramente usava aquele tom com ela, mas aquela se tornara a voz de suas interações com Cory, nos últimos anos. Carol não conseguia lembrar a última vez em que Lou e Cory tiveram uma conversa de verdade. Quando falavam, era uma espécie de luta verbal, cada qual tentando prever o lance do outro, procurando fraquezas que pudesse explorar para subjugar o outro. Sem nenhum tatame real no qual imobilizar o adversário, essas lutas verbais sempre terminavam em empate: cada um reivindicava a vitória inexpressiva, embora vivessem em constante derrota. Ela silenciosamente apelava para a ajuda do céu, como aprendera com seus pais religiosos. Não tinha certeza se existia um céu ou ajuda divina, mas pedia ajuda assim mesmo.

Avi deu um sorriso afável.

– Então, Lou – ele disse –, Cory é um problema. É o que você está dizendo.

– Sim.

– Precisa ser resolvido de alguma maneira... Modificado, motivado, disciplinado, corrigido.

– É isso aí.

– E você tentou isso?

– Tentei o quê?

– Modificá-lo.

– Claro.

– E funcionou? Ele mudou?

– Ainda não, mas por isso estamos aqui. Um dia, por mais cabeça-dura que seja, ele vai entender. Por bem ou por mal.

– Talvez – Avi disse sem convicção.

– Você não acredita que seu tratamento vai funcionar? – Lou perguntou com espanto.

– Depende.

– De quê?

– De vocês.

Lou resmungou.

– Como o sucesso do tratamento depende de mim, se são vocês que estarão lidando com meu filho nos próximos dois meses?

– Porque vocês é que estarão vivendo com ele todos os meses depois – Avi respondeu. – Podemos ajudar, mas se o ambiente familiar, quando ele voltar, for o mesmo de antes, qualquer progresso que tiver aqui não fará muita diferença. Yusuf e eu somos apenas tutores temporários. Você e Carol, todos vocês com seus respectivos filhos – ele disse, gesticulando para o grupo – são os auxiliares que importam.

Ótimo, Lou pensou. *Uma perda de tempo.*

– Você disse que queria que Cory mudasse – proferiu uma voz vinda dos fundos, tirando Lou de seus pensamentos. Era Yusuf, que enfim se juntara ao grupo.

– Sim – Lou respondeu.

– Você está certo – Yusuf disse. – Mas, se é isso que você quer, tem algo que precisa saber.

– O quê?

– Se você quer provocar a mudança nele, precisa primeiro mudar algo em você.

– É mesmo? – Lou desafiou. – E o que será?

Yusuf dirigiu-se ao quadro branco que cobria quase toda a parede dianteira da sala.

– Vou desenhar algo para você – ele disse.

A PIRÂMIDE DA MUDANÇA

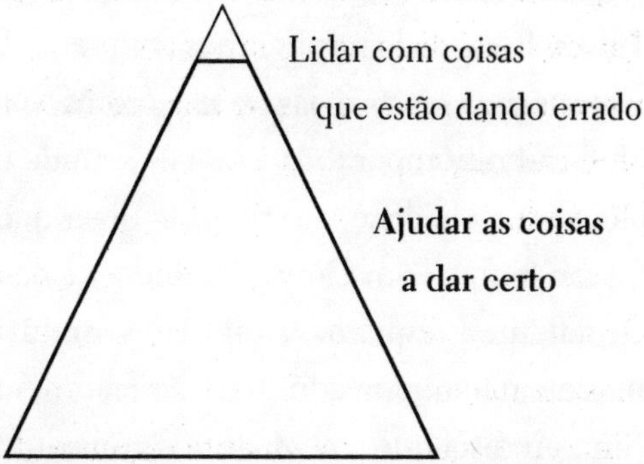

– Amanhã, ao final do dia – Yusuf disse, virando-se em direção ao grupo –, teremos formulado uma estratégia detalhada para ajudar os outros a mudar. Essa estratégia será ilustrada por um diagrama que chamamos Pirâmide da Mudança. Não estamos ainda prontos para examinar a pirâmide em detalhe, de modo que desenhei apenas sua estrutura básica. Essa estrutura geral nos ajudará a descobrir uma mudança fundamental que precisa ocorrer em nós, se quisermos induzir a mudança nos outros.

– O.k., vamos ver – Lou disse. – *Qual* mudança fundamental?

– Observem as duas áreas da pirâmide – Yusuf propôs. – Observem que rotulei a área bem maior de "Ajudar as coisas a dar certo". Em comparação, a área "Lidar com coisas que estão dando errado" é pequenina.

– Tudo bem – Lou disse, curioso por saber a importância daquilo.

Yusuf continuou:

– A pirâmide sugere que deveríamos dedicar mais tempo e energia a ajudar as coisas a dar certo do que a lidar com coisas que estão dando errado. Infelizmente, porém, essas alocações de tempo e esforço costumam estar invertidas. Gastamos a maior parte do nosso tempo com os outros lidando com coisas que estão dando errado.

Tentamos emendar nossos filhos, mudar nossos cônjuges, corrigir nossos funcionários e disciplinar aqueles que não estão agindo como gostaríamos. E, quando não estamos realmente *fazendo* essas coisas, estamos *pensando* em fazê-las ou *nos preocupando* com elas. Estou certo? – Yusuf olhou por toda a sala esperando uma resposta. – Por exemplo, Lou – ele disse –, seria justo dizer que você passa grande parte de seu tempo com Cory criticando-o e desafiando-o?

Lou refletiu a respeito. Aquilo era sem dúvida verdade no seu caso, mas ele não queria admiti-lo tão facilmente.

– Sim, eu diria que é verdade – Carol admitiu por ele.

– Obrigado – Lou murmurou a meia-voz. Carol olhava para a frente.

– É verdade também no meu caso – Yusuf disse, vindo salvar Lou. – É natural quando confrontamos um problema que tentamos corrigir. A questão é que, ao lidar com pessoas, essa tática quase nunca ajuda. Novas reprimendas raramente funcionam com uma criança que está fazendo beicinho, por exemplo, ou um cônjuge ressentido, ou um colega de trabalho cheio de raiva. Em outras palavras, a maioria dos problemas na vida não é resolvida pela mera reprimenda.

– Então o que você sugere? – Lou perguntou. – Se seu filho estivesse envolvido com drogas, o que você faria, Yusuf? Ignoraria? Você está dizendo que não tentaria mudá-lo?

– Talvez devêssemos começar com uma situação menos extrema – Yusuf respondeu.

– Menos extrema? Essa situação é a minha vida. É o que estou enfrentando.

– Sim, mas não é tudo que você está enfrentando. Você e Carol não estão tomando drogas, mas aposto que isso não significa que estão sempre felizes juntos.

Lou recordou o silêncio de Carol no vôo do dia anterior. Ela não gostara de sua forma de lidar com Cory, e fechar-se era uma forma de expressar seu descontentamento. A superfície de seu silêncio costumava esconder lágrimas. Lou sabia o que o silêncio significava – que ele, Lou, não estava agindo como devia – e ficou ressentido. Já tinha problemas suficientes com o filho e não se julgava merecedor de repreensões mudas e lacrimosas.

– Não somos perfeitos – Lou admitiu.

– Nem eu sou com Lina, minha mulher – Yusuf admitiu. – E sabem o que descobri? Quando Lina está contrariada comigo, o que menos ajuda é criticá-la ou tentar corrigi-la. Quando está furiosa, tem suas razões. Posso achar que ela está errada, e que suas razões são furadas, mas nunca a convenci disso devolvendo a agressão. – Ele encarou Lou e Carol. – E com vocês? Devolver a agressão os tem ajudado a mudar?

Lou remoeu as brigas que tivera com Carol por causa dos silêncios dela.

– Não, acho que não – enfim respondeu. – Geralmente não, em todo caso.

– Assim, para muitos problemas da vida – Yusuf prosseguiu –, as soluções terão de ser mais profundas do que estratégias de disciplina ou correção.

Lou refletiu a respeito por um momento.

– Vamos agora para a pergunta mais difícil – Yusuf continuou. – E se meu filho estiver fazendo algo realmente prejudicial, como tomar drogas? E aí? Eu não deveria tentar mudá-lo?

"Exatamente", Lou pensou, fazendo um sinal de sim com a cabeça.

– E a resposta à pergunta é, sem dúvida, sim.

Lou esperava outra resposta. Pego de surpresa, teve que engolir a réplica que estava planejando.

– Mas não vou convencer meu filho a mudar se as minhas interações com ele se resumem a tentar mudá-lo.

Lou ficou perplexo e franziu a testa. Voltou a pensar na sua objeção.

– Eu só consigo me tornar um agente da mudança – Yusuf continuou – na medida em que começo a contribuir para as coisas darem certo, em vez de simplesmente corrigir as que estão dando errado. Em vez de simplesmente corrigir, por exemplo, preciso reenergizar meu ensinamento, minha ajuda, minha escuta, meu aprendizado. Preciso dedicar tempo e esforço a desenvolver relacionamentos. E assim por diante. Se eu não me dedicar à parte inferior da pirâmide, não terei sucesso no topo. Jenny, por exemplo – ele continuou –, está agora lá fora junto ao muro, recusando-se a seguir viagem com os outros.

Ainda? Lou pensou consigo mesmo.

– Ela não quer participar do programa – Yusuf continuou. – É compreensível, na verdade. Qual a garota de 17 anos que está morrendo de vontade de passar 60 dias dormindo no chão duro e se alimentando de farinha de milho e animais capturados com lanças caseiras?

– É o que eles vão ter que fazer? – Rita perguntou.

– Bem, mais ou menos – Yusuf sorriu. – Não é tão primitivo assim.

– Mas é quase – Avi interrompeu com uma risada.

Rita arregalou os olhos e se reclinou na cadeira, tentando imaginar como seu filho se viraria naquele ambiente. Já seu marido Miguel fez um sinal aprovador com a cabeça.

– Então o que fazer? – Yusuf perguntou retoricamente. – Qualquer tentativa de disciplinar ou corrigir sua conduta dificilmente funcionará, concordam?

– Ah! Não sei – Lou disse, discutindo mais por hábito que por convicção. – Se fosse comigo, teria ido até lá e a mandaria entrar naquele veículo.

– Bem cavalheiresco de sua parte, Lou – Elizabeth brincou.

– E se ela se recusasse? – Yusuf indagou.

Lou fitou Elizabeth.

– Então eu a obrigaria – ele disse, pronunciando atentamente cada palavra.

– Mas Camp Moriah é uma organização privada sem autoridade de Estado – Yusuf respondeu – e sem a menor vontade de criar problemas extras, tentando obrigar as pessoas a fazer o que queremos que façam. Nós não forçamos os jovens a participar.

– Então vocês têm um problema – Lou disse.

– Sim, com certeza – Yusuf concordou. – O mesmo problema que todos nós temos em nossas famílias. E o mesmo problema que os países têm em relação aos outros. Estamos todos cercados de outras pessoas autônomas, que nem sempre se conduzem como gostaríamos.

– Então o que vocês podem fazer diante desse problema? – Rita perguntou.

– Antes de responder a esta pergunta – Yusuf respondeu –, eu gostaria de retroceder uns 900 anos, para uma época em que tudo estava dando errado.

3 • *Paz em tempo de guerra*

– Em junho de 1099 – Yusuf começou –, cruzados do Ocidente cercaram Jerusalém. Após 40 dias, penetraram pela muralha ao norte e invadiram a cidade. Assassinaram a maior parte da população muçulmana em dois dias. Os últimos sobreviventes foram forçados a carregar os mortos para túmulos coletivos sem identificação, onde empilharam os corpos e atearam fogo neles. Esses sobreviventes foram então massacrados ou vendidos como escravos.

"Os judeus, embora menos numerosos, não tiveram destino melhor. No bairro judeu, os habitantes procuraram refúgio na sinagoga principal. Os invasores obstruíram as saídas e empilharam madeira ao redor do prédio. Eles então o incendiaram, queimando todos, menos uns poucos que conseguiram escapar. Essas pessoas foram assassinadas nas vielas, ao tentarem fugir.

"A brutalidade estendeu-se também aos cristãos locais que celebravam cerimônias religiosas nos locais sagrados. Esses sacerdotes foram expulsos, torturados e forçados a revelar o local de relíquias preciosas, que foram então roubadas.

"Assim começaram quase dois séculos de luta entre os cruzados e os povos do Oriente Médio. Nas mentes de muitas pessoas no Oriente, as lutas de hoje são uma continuação da batalha antiga pela Terra Santa. Elas vêem os Estados Unidos e as potências européias como invasores."

– Como a única européia no recinto – Elizabeth se manifestou –, você se importa se eu abordar os cruzados por um momento?

– Claro que não – Yusuf respondeu. – À vontade.

– Conheço um pouco dessa história. Para início de conversa, é importante entender a história de Jerusalém. Ela foi judaica durante a maior parte da Antigüidade, até Roma saqueá-la, no ano 70 d.C. Nesse ínterim, após a morte de Cristo, seus seguidores começaram a pregar seu evangelho pela região. O cristianismo acabou se tornando a religião oficial do Império Romano, espalhando-se rapidamente por todos os seus territórios, inclusive Jerusalém. Em 638, ano em que os muçulmanos capturaram Jerusalém, a cidade era totalmente cristã já havia 300 anos. Desse modo, quando os cavaleiros da Primeira Cruzada tomaram Jerusalém, na cabeça deles estavam retomando o que lhes tinha sido tirado. Eles, tanto quanto os muçulmanos que vinham combatendo, acreditavam que a cidade lhes pertencia de direito.

– Mas isso não justifica as atrocidades – Pettis interveio.

– Não – Elizabeth concordou –, não justifica.

– Vamos e venhamos – Lou disse. – Os cruzados não detinham o monopólio da atrocidade. As mãos dos muçulmanos também estavam sujas de sangue.

– Estavam mesmo? – Pettis perguntou. – Desconheço a história. Gostaria de saber.

– Lou tem razão sobre isso – Elizabeth explicou. – Ambos os lados têm culpa no cartório. Yusuf acabou de dar um exemplo das atrocidades dos ocidentais. Um exemplo muçulmano antigo seria o massacre dos Banu Qurayza, a última tribo judia em Medina. Nos primórdios do Islã, exércitos muçulmanos decapitaram a tribo inteira.

– E atualmente eles explodem a si mesmos a fim de aleijar e assassinar civis inocentes – Lou falou subitamente.

A boca de Elizabeth se fechou, irritada com a interrupção.

– Concordo com Elizabeth que existem detalhes sórdidos em todos os lados da história – Yusuf interveio. – O que eu gostaria de apresentar a vocês, contudo, é um personagem nem um pouco sórdido.

"Após tomarem Jerusalém – ele continuou –, os cruzados assumiram o controle de grande parte das áreas costeiras do Oriente Médio. Eles continuaram dominando essas regiões por quase 80 anos. Seu sucesso se deveu, em grande parte, às lutas internas entre líderes militares e políticos muçulmanos rivais. Mas o quadro começou a mudar com a subida ao poder do sultão turco Nur al-Din, que unificou os diferentes povos da Síria. A maré se voltou totalmente a favor da resistência muçulmana sob seu sucessor, Yusuf Salah al-Din, ou simplesmente "Saladino", como é conhecido no Ocidente. Saladino unificou todos os povos muçulmanos da Síria ao Egito e mobilizou sua resistência coletiva. Seus exércitos recapturaram Jerusalém em 1187.

"Militarmente, politicamente e em todos os outros aspectos, Saladino foi o líder mais bem-sucedido do período. Seus sucessos foram tão surpreendentes e totais que os historiadores às vezes invocam a sorte para explicá-los. Mas eu estudei Saladino e me convenci de que seu êxito na guerra se deveu a uma razão bem mais profunda, que à primeira vista nem parece relacionada com a guerra."

– O que era? – Pettis perguntou. – Qual razão?

– Para entendê-la – Yusuf respondeu – precisamos conhecer melhor aquele homem. Deixem-me contar a história. Em certa ocasião, um batedor do exército trouxe até Saladino uma mulher aos prantos, do lado inimigo. Ela tinha implorado, desesperada, que o batedor a levasse até Saladino. Prostrou-se diante dele e disse: "Ontem ladrões muçulmanos entraram na minha tenda e roubaram a minha filhinha. Chorei a noite toda, acreditando que nunca mais a veria. Mas nossos comandantes contaram que vós, o rei dos muçulmanos, sois misericordioso." Ela implorou por sua ajuda.

"Saladino comoveu-se. Com lágrimas nos olhos, imediatamente enviou um de seus homens ao mercado de escravos, em busca da menina. Eles a localizaram em uma hora e a devolveram à mãe, então as conduziram de volta ao lado inimigo."

Yusuf fez uma breve pausa.

– Se vocês pesquisarem Saladino, verão que sua história é especial. Ele ficou famoso pela bondade, tanto com os aliados como com os inimigos.

– Tenho minhas dúvidas se aqueles que morreram pelas espadas de seu exército o acharam bondoso – Elizabeth interrompeu. – Mas concordo que, em comparação com outras figuras do período, ele brilhou um pouco mais.

Lou não se impressionou. Sua mente retornou ao Vietnã e aos jovens mortos que seu regimento teve que carregar para fora da selva. Ao retornar da guerra, ele fizera questão de visitar pessoalmente a mãe de cada soldado que perdera a vida sob seu comando. Durante um período de dois anos, visitou 53 cidades, de Seattle a San Diego, no oeste, até Portland, Maine, no leste, e Savannah, Geórgia, no sul. Sentava-se nas salas de estar dos lares aos quais aqueles homens nunca retornariam e abraçava aquelas mães de luto, enquanto contava as façanhas heróicas de seus filhos. Ele adorava seus homens. Continuava sonhando com maneiras pelas quais pudesse ter salvado mais deles. *Ser gentil e misericordioso é muito bonito*, pensou, *mas são traços pouco recompensados durante uma guerra.*

– Com essas informações básicas – Yusuf continuou – permitam que eu compare a recaptura de Jerusalém por Saladino com a invasão inicial dos cruzados. Na primavera de 1187, depois que os cruzados romperam uma trégua, Saladino invocou as forças do Islã para se reunirem em Damasco. Planejava marchar contra os ocupantes, num esforço unificado para expulsá-los de suas terras.

– Permita um aparte – Elizabeth voltou a intervir. – *Quem* ocupava *o que* não estava totalmente claro. Como já mencionei, cada lado via o outro como uma força de ocupação.

– Certo – Yusuf disse. – Desculpe a imprecisão. – Retomando o fio da meada, ele disse: – Saladino armou uma emboscada contra as forças de ocupação, perdão, ocidentais, junto ao mar da Galiléia. Uns poucos escaparam, inclusive um líder chamado Balian de Ibelin. Balian fugiu para Tiro, onde, por meio de um mensageiro, fez um pedido surpreendente a Saladino: perguntou se poderia ir a Jerusalém resgatar sua esposa e trazê-la de volta para a segurança em Tiro. Prometeu não empunhar armas em defesa de Jerusalém. Saladino concordou.

"Entretanto, após chegar em Jerusalém e constatar que não havia ninguém para liderar sua defesa, Balian implorou a Saladino que o dispensasse de seu compromisso. Queria permanecer e liderar a resistência. Este não apenas permitiu como enviou uma escolta para conduzir a esposa de Balian de Jerusalém para a segurança de Tiro!"

Lou deixou escapar um suspiro de desaprovação.

– Sim, Lou, difícil de imaginar, não é?

– Deve ter sido um mulherão, com certeza – Lou observou, olhando em torno na expectativa dos risos. Miguel correspondeu, seus amplos ombros sacudindo com as risadas, mas nos outros a piadinha não surtiu efeito. Carol sacudiu a cabeça ligeiramente, esforçando-se para lembrar que Lou era melhor interiormente do que suas bravatas às vezes sugeriam. Sabia que seu comportamento vinha sendo exacerbado pela tensão que ele sentia por ter que se afastar do trabalho, quando tanta coisa errada vinha acontecendo.

– O cerco de Jerusalém começou em 20 de setembro – Yusuf continuou. – Nove dias depois, os homens de Saladino abriram uma brecha nas muralhas, perto do local onde os cruzados tinham penetrado quase 90 anos antes. Saladino deu ordens rigorosas aos seus soldados de não ferirem nenhum cristão, nem saquearem suas posses. Reforçou a guarda nos locais de culto dos cristãos e anunciou que os povos derrotados seriam bem-vindos, em peregrinações a Jerusalém, sempre que quisessem.

"Para reabastecer o Tesouro, Saladino elaborou, junto com Balian, um plano de pagamento de resgate pelos habitantes da cidade. Seus soldados protestaram: as quantias eram absurdamente baixas. Mas Saladino estava preocupado com os mais pobres, tanto que deixou muitos partirem sem pagar resgate. Mandou viúvas e crianças embora com presentes. Seus líderes objetaram, alegando que, se iam deixar tanta gente partir sem pagamento, deveriam ao menos aumentar o resgate dos ricos. Mas Saladino se recusou a fazê-lo. O próprio Balian foi autorizado a partir com uma rica soma. Saladino enviou até uma escolta para protegê-lo na viagem até Tiro."

Yusuf observou o grupo em volta.

– Ele me parece desesperadamente fraco – Lou observou.

– Sim – retrucou Yusuf –, tão fraco que foi o líder militar de maior sucesso de sua época, e continua reverenciado até hoje.

– Mesmo assim é fraco – Lou insistiu. – E frouxo.

– Por que você diz isto, Lou? – Elizabeth interrompeu.

– Bem – Lou começou. – Você ouviu o que Yusuf disse. Ele deixou todo aquele pessoal se aproveitar dele.

– Você acha isso porque ele poupou suas vidas?

– E deixou que escapassem com o tesouro.

– Mas eles não estavam atrás do tesouro – ela respondeu. – Queriam uma vitória duradoura.

– Então por que não se livraram do inimigo? – Lou objetou. – Deixá-los ir embora é deixar que lutem de novo, outro dia. Vá por mim, eu combati no Vietnã. Teríamos sido massacrados se agíssemos assim.

Pettis se manifestou:

– Nós fomos massacrados no Vietnã, Lou.

As costas de Lou se enrijeceram. Com os olhos em brasa, voltou-se para Pettis:

– Ouça bem: por que você não se limita àquilo de que entende, hein? Você não tem idéia do que foi o Vietnã, ou do heroísmo que nossos homens mostraram lá.

– Força aérea – Pettis respondeu. – 555º Esquadrão de Caças Tático. Dois períodos de serviço militar. – Olhou calmamente para Lou. – E você?

Lou foi pego de surpresa e murmurou palavras incompreensíveis, antes de dizer apressadamente:

– Quatro anos no Vietnã. Segundo Batalhão, Fuzileiros Navais. "Inferno no Capacete", éramos chamados. Desculpe – ele acrescentou, balançando a cabeça.

Pettis retribuiu o movimento.

– Não precisa pedir desculpas.

– Dois veteranos no grupo – Yusuf sorriu entusiasmado. – Esplêndido! Mas, Lou – ele continuou –, você disse que Saladino parece fraco ou frouxo.

Lou assentiu com a cabeça, quase timidamente desta vez.

– Você acredita que os defensores das cidades que ele capturou, uma a uma, o achavam fraco? Que os líderes muçulmanos rivais que ele subjugou o achavam fraco? Que aqueles que nunca tinham sido derrotados antes o achavam fraco?

Lou hesitou momentaneamente.

– Não – respondeu num tom mais submisso. – Acho que não.

– Claro que não. E o motivo é simples: ele *não era* fraco. Tinha, na verdade, uma força inquestionável. Mas ele era algo mais – ou, mais precisamente, algo mais profundo – do que forte. E é esse algo extra que o distingue de outros líderes de sua época que, embora fortes, fracassaram.

Yusuf fez uma pausa.

– O que era esse algo extra, esse algo mais profundo? – Pettis perguntou.

– O fator mais importante para ajudar as coisas a darem certo.

– Qual é? – Pettis insistiu.

– O segredo do sucesso de Saladino na guerra – Yusuf respondeu – foi que seu coração estava em paz.

Aquilo foi demais para Lou:

– "Coração em paz", você diz, Yusuf? – perguntou em tom contundente. – É este o seu segredo? Que o coração de Saladino estava em paz?

– Sim.

– Você deve estar brincando – ele disse, olhando primeiro para Pettis e depois para os outros, de forma zombeteira, em busca de aliados. Julgou ter encontrado um em Pettis, que parecia imerso em pensamentos, com a testa franzida.

Lou olhou então para Elizabeth, mas não conseguiu interpretar seu semblante. Voltou à carga, mantendo-a à vista enquanto falava:

– Quer dizer que o segredo da guerra é ter o coração em paz? – perguntou em tom de gozação, dando as costas a Yusuf.

– Sim, Lou – Yusuf respondeu com firmeza. – E não apenas na guerra. É o segredo do sucesso nos negócios e na vida familiar também. O estado do seu coração em relação aos filhos – se está em paz ou em guerra – é, de longe, o fator mais importante nessa intervenção que estamos realizando agora. É o que mais afetará sua capacidade de manobrar sua empresa com sucesso, diante dos desafios criados pelas deserções recentes.

Esse comentário derrubou Lou por completo. Ele não estava acostumado a ver as pessoas reagirem ao seu sarcasmo. A ousadia da tese de Yusuf e seu comentário ferino sobre os problemas da empresa de Lou o pegaram desprevenido.

Olhou de lado para Carol, suspeitando que ela fornecera aquela informação. Ela continuou fitando firme em frente, ignorando o olhar do marido.

Naquele exato momento, um dos jovens funcionários da empresa entrou na sala e murmurou algo para Yusuf. Pedindo desculpas, Yusuf rapidamente seguiu o funcionário para fora da sala.

Após sua saída, Pettis perguntou a Avi:

– Não entendi exatamente o que Yusuf quis dizer com um coração em paz. Gostaria de ouvir mais a respeito.

– Claro – Avi respondeu. – Para começar, comparemos a recaptura de Jerusalém por Saladino à captura anterior, pelos cruzados. – Olhou para Pettis. – Você nota alguma diferença entre as duas vitórias?

– Claro – Pettis respondeu. – Os cruzados agiram como bárbaros.

– E Saladino?

– Ele foi quase misericordioso. Para alguém que está atacando, ao menos – acrescentou.

– Explique melhor o que você quer dizer com misericordioso – Avi sugeriu.

Pettis fez uma pausa para organizar os pensamentos.

– O que quero dizer – enfim esclareceu – é que Saladino parece ter tido consideração pelas pessoas que estava derrotando. Enquanto os cruzados pareciam... Bem, eles pareciam bárbaros, como já disse. Simplesmente massacraram todas as pessoas, como se não se importassem nem um pouco.

– Exatamente – Avi concordou. – Para os cruzados, as pessoas *não* importavam. Ou seja, os cruzados não as encaravam realmente como pessoas, e sim como objetos ou posses, a serem expulsos ou exterminados à vontade. Saladino, por outro lado, reconheceu e honrou a humanidade daqueles que conquistou. Ele pode ter desejado que nunca chegassem até as fronteiras de suas terras, mas reconheceu que eram pessoas, e que ele tinha, portanto, que tratálas e honrá-las como tais.

– E o que tem isso a ver conosco? – Lou perguntou. – Você está falando de uma história com 900 anos e, além disso, uma história sobre guerra. O que isso tem a ver com os nossos filhos? – Lembrando o que Yusuf havia dito sobre a sua empresa, acrescentou: – E com os nossos funcionários?

Avi olhou diretamente para Lou:

– Em cada momento, estamos escolhendo entre ser como Saladino ou como os cruzados. Na maneira como encaramos nossos filhos, cônjuges, vizinhos, colegas e mesmo as pessoas estranhas, optamos entre vê-los como pessoas semelhantes a nós ou como objetos. Eles têm valor para nós, ou não têm. No primeiro caso, já que os consideramos iguais, dizemos que nossos corações estão em paz em relação a eles. No segundo caso, já que sistematicamente os vemos como inferiores, dizemos que nossos corações estão em guerra.

– Você parece bem empolgado pela humanidade dos muçulmanos em relação aos outros e a desumanidade dos outros em relação aos muçulmanos, Avi – Lou objetou. – Isso me parece bem ingênuo. – Pensou no que sabia sobre a história de Avi. – E surpreendente, vindo de alguém cujo pai foi morto pelo povo que você está elogiando.

Avi deu um suspiro profundo.

– Yusuf e eu não falamos de mais ninguém, Lou, a não ser de Saladino. Existem aqueles que vêem os outros de forma humana e aqueles que não vêem, em todos os países e comunidades religiosas. Juntar todos os membros de uma raça ou cultura específica num só estereótipo é uma forma de deixar de vê-los como pessoas. Estamos tentando, aqui, evitar esse erro, e me parece que Saladino é uma pessoa com quem podemos aprender.

Lou silenciou ante aquela repreensão. Começava a se sentir solitário dentro do grupo.

– O contraste entre a tomada de Jerusalém por Saladino e pelos cruzados – Avi continuou – ensina uma lição importante: quase todo comportamento, mesmo um comportamento tão violento como a guerra, pode assumir duas formas diferentes. – Nesse ponto, dirigiu-se ao quadro e desenhou este diagrama:

DIAGRAMA DA MANEIRA DE SER

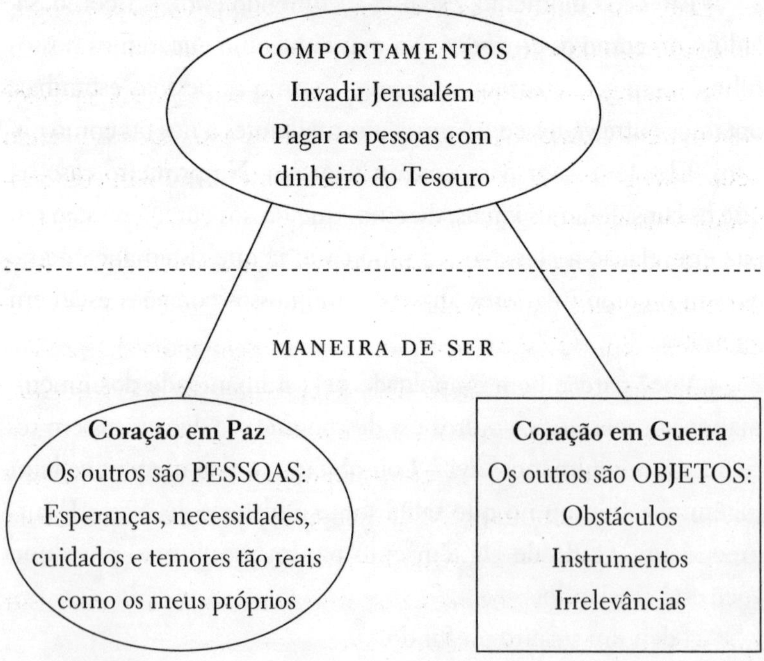

– Pensem nisto – Avi disse, voltando-se para o grupo. – A história de Saladino mostra que existe algo mais profundo do que o nosso comportamento, algo que os filósofos denominam a nossa "maneira de ser" ou nossa consideração pelos outros. Estamos sempre vendo os outros como objetos, como obstáculos, por exemplo, como instrumentos ou irrelevâncias, ou como pessoas. Nos termos da história de Saladino, existem duas formas de tomar Jerusalém: com o coração em paz ou com o coração em guerra.

– Que importa a maneira de tomá-la? – Lou protestou, sentindo-se subitamente energizado para outro round. – Se você tem que tomá-la, tem que tomá-la. É simples. Um soldado não pode se dar ao luxo de ficar preocupado com a vida da pessoa que está olhando para ele na ponta de sua lança ou do cano da arma. Na verdade, seria perigoso convidá-lo a levar em consideração aquela vida. Ele poderia hesitar, quando precisa atirar.

Esse comentário cristalizou uma dúvida que vinha se formando em Pettis também.

– Sim, Lou, uma boa observação – ele disse. – Que acha disto? – perguntou a Avi. – A preocupação de Lou com soldados vendo seus inimigos como pessoas é legítima, não é? Também vejo problemas nisso.

– Parece um problema, não parece? – Avi concordou. – Mas foi um problema para Saladino?

– Foi, sim – Lou retrucou, encorajado pelo apoio de Pettis. – Os inimigos se aproveitaram dele quando deixou que partissem com as riquezas de Jerusalém.

– Você acha que ver os outros como pessoas significa ter que deixá-las partir com riquezas? Que significa que temos que deixar os outros se aproveitarem de nós? – Avi reagiu.

– Bem, parece que sim – Lou respondeu. – Ao menos é isso que parece que você quer dizer.

– Não, não é o que ele quer dizer – Elizabeth discordou. – Olhe o diagrama, Lou. Você tem os comportamentos em cima e as duas formas básicas de ver as outras pessoas embaixo. Avi está dizendo que tudo que escreveu na área do comportamento pode ser feito de uma destas duas maneiras: vendo os outros como pessoas ou como objetos.

– Ora, quem é que se importa com a maneira de fazer? – Lou repetiu. – Se você tem que tomar Jerusalém, simplesmente tome Jerusalém. O importante é fazer!

Avi lançou um olhar sério sobre Lou:

– Cory se importa – respondeu.

– Ahn?

– Cory se importa.

– Se importa com *quê*?

– Se importa se está sendo visto como uma pessoa ou um objeto.

Lou nada disse.

– Ver uma pessoa igual como um objeto inferior é um ato de violência, Lou. Machuca tanto quanto um soco na cara. Na verdade, em vários aspectos, machuca mais. Contusões saram mais rápido do que cicatrizes emocionais.

Lou olhou como se fosse responder à observação, mas calou, reclinando-se na sua cadeira enquanto refletia sobre o filho.

– Os habitantes de Jerusalém com certeza também se importavam – Avi continuou. – Mas, mais do que isso, *você* se importa, Lou – acrescentou. – Você se importa se está sendo visto como uma pessoa ou um objeto. Na verdade, há pouca coisa com que você se importe mais.

– Então você não sabe nada sobre mim – Lou retorquiu, abanando a cabeça em sinal de desaprovação. – Não estou nem aí com o que os outros pensam de mim. Pergunte à minha mulher.

A triste ironia de seu comentário, por mais autobiográfica que fosse naquele dia específico, passou despercebida a Lou. Ao seu lado, Carol corou levemente, claramente despreparada para a atenção que subitamente lhe foi dirigida.

Avi sorriu afavelmente.

– Na verdade, Lou, acho que você se importa.

– Então você está enganado.

– Pode ser – Avi admitiu, assentindo com a cabeça. – Não seria a primeira vez. Mas há algo a considerar: você achou importante fazer com que os outros concordassem com você esta manhã?

Lou lembrou de sua esperança anterior de que Elizabeth compartilhasse de seus pontos de vista e da energia que sentiu quando pareceu que Pettis compartilhava.

– Se achou importante, é porque você se importa – Avi continuou. – Mas, em última análise, você é o único capaz de responder a esta pergunta.

Lou sentiu uma pontada de dor, como quando um pé ou um membro dormente começa a se reanimar.

– A questão da maneira de ser é de grande importância prática – Avi continuou. – Em primeiro lugar, pense numa situação empresarial difícil: uma negociação complicada, por exemplo. Quem você acha que teria mais chances de chegar a um acordo em circunstâncias difíceis: um negociador que vê os outros como objetos ou alguém que os vê como pessoas?

Essa pergunta despertou o interesse de Lou, já que estava em meio a uma negociação sindical que não vinha levando a nada.

– Aquele que vê os outros como pessoas – Pettis respondeu. – Com certeza.

– Por quê? – Avi perguntou.

– Porque, nas negociações ou em qualquer outra situação, as pessoas não gostam de lidar com gente estúpida. Elas logo vão preferir dar um soco no olho a cooperar.

Avi deu uma risada.

– É verdade – ele concordou. – Vocês já notaram que às vezes preferimos agredir a outra pessoa, mesmo que isso prejudique a nossa própria posição?

Aquela pergunta levou os pensamentos de Lou para uma reunião de emergência, ocorrida apenas duas semanas antes. Kate Stenarude, Jack Taylor, Nelson Mumford, Kirk Weir e Don Shilling – cinco dos seis executivos-chave de sua empresa – ocupavam seus lugares à mesa da sala da diretoria da Zagrum e lhe deram um ultimato. Ameaçaram se demitir se Lou não lhes desse mais liberdade para gerirem seus departamentos. Ele foi chamado de intrometido e controlador. Um deles (Jack Taylor, Lou jurou nunca esquecer) chegou a descrevê-lo como um tirano.

Lou ouviu tudo aquilo em silêncio, sem sequer fitar os rostos deles. Mas, por dentro, pegava fogo. *Ingratos*!, resmungou para si mesmo. *Incompetentes, desastrados, traidores*!

– Vão pro inferno então! – enfim gritou. – Se os padrões aqui são elevados demais para vocês, é melhor irem embora, porque eles não vão diminuir!

– Não estamos falando de padrões, Lou – Kate argumentou. – Estamos falando da atmosfera de opressão em que passamos a trabalhar. Coisas pequenas, mas significativas.

– A atmosfera só é opressiva para quem não consegue atingir os padrões – ele cuspiu de volta. – E, falando sério, Kate, depois de tudo que fiz por você. – Balançou a cabeça em sinal de insatisfação. – Tudo que você se tornou aqui, deve a mim. Eu esperava mais de você. Fora daqui, então! Todos vocês! Dêem o fora!

O "Desastre de Março", como aquela conversa e as deserções subseqüentes passaram a ser chamadas nos corredores da Zagrum, quase paralisara os negócios nas duas últimas semanas. Lou estava preocupado com o futuro da empresa.

– Do ponto de vista econômico – Avi prosseguiu, trazendo Lou de volta ao presente –, trata-se de uma estratégia insana. Mas mesmo assim a adotamos. Na verdade, é como se nos sentíssemos compelidos a agir assim. Em várias situações, agimos compulsivamente de maneiras que prejudicam as nossas próprias vidas: atiçando as brasas do ressentimento no cônjuge, por exemplo, ou a raiva no filho. Mesmo assim fazemos isso. O que nos leva ao primeiro ponto: quando nossos corações estão em guerra, não conseguimos enxergar com clareza. Só podemos tomar decisões com a mente limpa quando nossos corações estão em paz.

Lou pensou sobre aquilo, enquanto refletia sobre suas decisões em relação a Kate e aos outros que o deixaram.

– Eis outra razão por que a maneira de ser é tão importante – Avi continuou. – Pensem de novo na situação da negociação. Os negociadores mais bem-sucedidos entendem as preocupações da outra parte, tanto quanto as suas próprias. Mas quem é mais capaz de entender tão plenamente as posições da outra parte: a pessoa que vê os outros como objetos ou a pessoa que os vê como pessoas?

– A que vê pessoas – Rita respondeu. Pettis e a maioria dos outros assentiram com a cabeça.

– Acho que está certo – Avi disse. – Pessoas cujos corações estão em guerra não conseguem avaliar as objeções e desafios dos outros a ponto de conseguir dialogar com eles.

Lou pensou no impasse com o sindicato.

– Finalmente – Avi disse –, deixem-me acrescentar uma terceira razão. Pensem em suas experiências nos últimos anos com os filhos que trouxeram para nós. Vocês alguma vez sentiram que eles reagiram de forma injusta, mesmo com vocês fazendo de tudo para serem bondosos e justos com eles?

A mente de Lou voltou para uma conversa que tivera com Cory dois dias antes:

– Então é tudo culpa minha, certo, pai? – Cory elevara a voz com sarcasmo: – Você é o grande Lou Herbert, que nunca cometeu um erro na vida, certo?

– Não seja criança – Lou lembrou de ter respondido, orgulhoso por ser capaz de manter o sangue-frio diante de tamanho desrespeito.

– Deve ser bem constrangedor ter um filho como eu: um viciado, um ladrão. Certo?

Lou não disse nada, congratulando-se por ter mantido o controle. Entretanto, ao refletir sobre a conversa, teve que admitir que Cory estava certo. Lou sentia um orgulho especial dos dois outros filhos: Mary, 24 anos, candidata a Ph.D. no MIT, e Jesse, 22 anos, um veterano na mesma universidade onde Lou estudara, a Syracuse University. Em comparação, achava Cory constrangedor. Aquilo era verdade.

– Bem, deixe-me dizer uma coisa, pai – Cory continuara, sarcástico. – Para dizer a verdade, ser filho de Lou Herbert é um inferno. Você tem noção do que é saber que seu pai considera você um fracassado? Sim, sei o que você está pensando: "Mas você é mesmo um fracassado." Venho ouvindo isso de você faz anos. Nunca fui tão bom como Mary ou Jesse. Pelo menos, não para você. Bem, deixe-me dizer algo. Você não é tão bom como mamãe, ou como qualquer outro adulto que eu conheça. Você é mais fracassado como pai do que eu jamais serei como filho. E é o mesmo desastre no trabalho. Por que será que Kate e os outros largaram você?

Aquela conversa mostrara outra vez a Lou que tratar Cory com civilidade não levava a nada. Cory o desrespeitava quer Lou berrasse, quer permanecesse em silêncio.

– Vou sugerir algo a vocês sobre isso – Avi continuou, trazendo Lou e os demais de volta de seus pensamentos. – É uma idéia que, a princípio, poderá gerar resistência, especialmente quanto aos seus filhos. Mas aqui está: em geral, reagimos à maneira de ser dos outros em relação a nós, não ao seu comportamento. O que significa que nossos filhos reagem mais a como os encaramos do que às nossas palavras e ações específicas. Podemos tratar nossos filhos justamente, por exemplo, mas, se nossos corações estão em guerra contra eles enquanto o fazemos, eles não acharão que estão sendo tratados justamente. Na verdade, reagirão a nós como se estivessem sendo tratados injustamente.

Avi olhou para o grupo.

– Por mais importante que seja o comportamento – ele disse –, a maioria dos problemas em casa, no trabalho e no mundo não são falhas de estratégia, mas falhas na maneira de ser. Como já discutimos, quando nossos corações estão em guerra, não conseguimos ver as situações com clareza, não conseguimos levar as posições dos outros suficientemente a sério para solucionar problemas difíceis, e acabamos provocando comportamentos agressivos nos outros. Se temos problemas profundos, é porque estamos falhando na parte mais profunda da solução. E, quando falhamos nesse nível mais profundo, atraímos o nosso próprio fracasso.

– Na verdade – Avi disse –, quando nossos corações estão em guerra, não apenas atraímos o fracasso, nós *investimos* nele. Deixem-me dar um exemplo. Um sábado – ele começou – voltei para casa em torno de 15:30, 30 minutos antes de um jogo de tênis marcado com um amigo. O problema era que eu tinha prometido à minha mulher, Hannah, cortar a grama.

Na mesma hora ouviram-se na sala algumas risadas de pessoas que provavelmente já tinham passado por alguma situação semelhante.

– O jeito foi correr para a garagem, pegar o cortador de grama e cortá-la às pressas. Depois corri de volta a casa a fim de me vestir para o tênis. Ao disparar por Hannah em direção à escada, murmurei que ia encontrar meu amigo Paul para um jogo de tênis. Quando ia subir a escada, Hannah chamou: "Você vai aparar as bordas do gramado?" Parei subitamente. "Não é preciso aparar as bordas", respondi. "É, sim", ela disse. Eu protestei: "Ninguém vai passar por nossa casa e dizer: Vejam só, os Rozens não apararam a borda do gramado!" Ela não se convenceu: "Você disse que ia cortar a grama, e isso inclui aparar as bordas." "Não, não inclui. Além disso, estou atrasado para o tênis. Quer que eu deixe o Paul esperando?"Aí ela disse: "O.k., então *eu* vou!"

As risadas de identificação retornaram.

– Ela queria fazer você se sentir culpado, não é? – Miguel manifestou-se pela primeira vez naquela manhã, a voz áspera combinando com sua aparência. Rita, sua mulher, não pareceu muito satisfeita com o comentário.

– Exatamente – Avi disse. – Eu não queria que ela fizesse aquilo, e prometi aparar as bordas ao voltar. Então vesti o uniforme de tênis e saí. Quando voltei para casa, já estava escuro. Eu tinha derrotado Paul pela primeira vez e estava muito feliz. Fui até a cozinha, abri a geladeira e enchi um grande copo com suco de laranja. Hannah entrou, eu rapidamente afastei o copo da boca e ia dizer "Derrotei Paul!" quando ela perguntou: "Vai aparar as bordas?" Instantaneamente, a euforia me abandonou e me vi de volta à irritação emocional de algumas horas antes. "Você ficou as últimas duas horas sentada aqui pensando se eu ia aparar as bordas?", eu disse para irritá-la. "É *patético*." "Mas você prometeu que ia quando voltasse", ela respondeu. Reagi: "Eu disse que *talvez* fosse. Está escuro como breu." "Então *eu* vou!", ela disse novamente.

– Que inferno! – Lou bramiu. – Se ela quer que seja feito de qualquer jeito, deixe-a fazer.

Algumas pessoas riram daquilo, Miguel especialmente. Carol franziu os lábios.

– Bem, não foi o que fiz, Lou – Avi respondeu. – Pelo contrário, ergui a cabeça humildemente, respirei e disse: "O.k., vou aparar as bordas para manter a paz na família." Aí marchei até a garagem, apanhei a tesoura e aparei as bordas por duas horas. Se ela queria que eu aparasse as bordas, eu iria aparar as bordas!

Alguns no grupo riram também daquilo. Miguel soltou tamanha risada que quase se engasgou.

– Mas pensem bem – Avi continuou. – Quando voltei para casa, vocês acham que o meu esforço tinha preservado a paz na família?

Os participantes todos fizeram sinal de não com a cabeça – até Lou, embora mal percebesse.

– Não, por uma razão simples: meu coração continuava em guerra com Hannah. Ela parecia tão tacanha, desatenciosa, exigente, absurda e fria quando eu aparava a grama como quando eu disse que não apararia. A mudança no meu comportamento externo não mudou meu sentimento em relação a ela. Na verdade, quanto mais eu aparava as bordas no escuro, pior aquilo me parecia. Quando derrubei uma parte da cerca porque não conseguia enxergar bem, senti uma sensação perversa de satisfação. Aquilo provava quão absurda Hannah estava sendo. Como vocês podem imaginar, quando enfim voltei para casa, nossos sentimentos mútuos extravasaram em cada palavra, olhar e gesto. Na verdade, fomos ainda menos gentis um com o outro do que antes – o que me irritou mais, por sinal. Eu colocara a minha visão em risco cumprindo uma exigência absurda, e ela continuava com raiva de mim! *No mínimo ela tinha que estar grata*, pensei. *Mas não, era impossível agradá-la*!

Miguel teve um ataque de riso.

– Que foi, Miguel? – Avi perguntou.

Ele ergueu a mão à sua frente, pedindo que Avi esperasse um momento até recuperar o controle. O próprio Avi deu um grande sorriso, enquanto observava aquele homem grandalhão deter o acesso de riso.

Pigarreando, Miguel enfim falou com uma voz anasalada:

– Desculpe. Sua história me lembrou algo – ele disse. – Aconteceu duas noites atrás.

Os olhos de Rita se arregalaram, e ela se virou para olhá-lo.

– Tive que lavar a louça. Eu sabia que Rita ficaria uma fera se eu não lavasse. Embora eu tivesse que acordar cedo para ir trabalhar.

Lou sorriu para si mesmo ante a imagem daquele homenzarrão inclinado sobre a pia, lavando obedientemente a louça.

– E aí – Miguel continuou –, quando terminei, ela apareceu. Veio bisbilhotar. Queria saber se eu tinha mesmo lavado a louça.

– Não foi nada disso! – Rita protestou.

– Foi, sim. Como sempre.

– Eu estava vindo pegar algo para comer.

– Certo – ele riu. – Por isso estava olhando para a pia? Procurando comida?

Agora foi Lou quem teve um ataque de riso.

O rosto de Rita começou a ficar cor-de-rosa.

– Bem, aquilo não seria necessário se você limpasse tudo como deveria – ela revidou o ataque.

Miguel fez um sinal de não com a cabeça.

– Acredito que você mencionou isto, Miguel – Avi interrompeu –, porque teve esses sentimentos hostis de que estamos falando?

– Certo. Mas quem não teria? Ela própria confessou – ele disse, apontando para Rita. – Ela vive rondando. Controla tudo que faço. Nunca fica satisfeita com nada.

Carol se agitou ao lado de Lou.

– Talvez ela não esteja rondando, Miguel. Talvez esteja cansada de ter que fazer tudo.

Lou ficou horrorizado, em parte porque estava sentindo uma afinidade com Miguel naquele momento, em parte porque era tão raro Carol colocar alguém contra a parede.

– O que Miguel fez de ruim para você, Carol? – perguntou. – Essa mulher deveria estar grata por ter um marido que lava a louça, mesmo tendo que dar duro para sustentar a família.

– Quer dizer que as mulheres também não dão duro, Lou? – A observação partiu da mulher que Lou observara no fundo da sala antes, mas com quem não falara. Ela se cansara de ver Lou dominando o diálogo e não conseguiu mais se conter. – Inclusive nas suas carreiras? Você está dizendo que só os homens entendem disso? Talvez as mulheres nem tenham nomes, na sua cabeça. Talvez sejamos todas "esta mulher" ou "aquela mulher". Pior ainda, talvez eu seja apenas "aquela mulher *negra*", não é? Deveríamos estar todas simplesmente contentes pelo que conseguimos fazer por vocês? É assim que as coisas funcionam na sua casa e na sua empresa?

Lou sentiu-se pego de surpresa. Estava prestes a revidar quando Avi interrompeu.

– Corações em guerra, é disso que estamos falando – ele disse. – Gwyn, Lou, Carol, Miguel, Rita, todos os outros: entendem o que quero dizer? Como nos vemos uns aos outros neste exato momento? Como aliados? Como inimigos? Estes são sentimentos hostis.

Lou deu uma olhada em sua rival, sentada em frente a Elizabeth. *Então seu nome é Gwyn*, ele pensou.

Avi fez uma pequena pausa.

– Vamos, olhem em volta – ele disse. – Estamos vendo pessoas ou estamos vendo objetos?

A maioria das pessoas na sala evitou os olhos dos colegas, apesar do convite para olharem.

– Quando passamos a ver os outros como objetos – Avi continuou –, começamos a provocá-los para tornar nossas vidas difíceis. Na verdade, começamos a convidar os outros a nos tornarem infelizes. Começamos a provocar nos outros exatamente aquilo que dizemos que odiamos.

– Como assim? – Lou perguntou.

– Você não está sentindo? – Avi perguntou. – Como nossas emoções estão começando a fugir do nosso controle, e como estamos provocando comentários e sentimentos hostis uns nos outros?

Lou teve de admitir que estava sentindo aquilo.

– Temos o mesmo padrão em minha história com Hannah – ele continuou. – Vamos traçar um diagrama, acho que vocês vão entender o que quero dizer. No início de tudo – ele disse –, Hannah pediu que eu aparasse as bordas do gramado, não foi? E depois reclamou e me atazanou quando me recusei. – Ele então desenhou o seguinte no quadro:

DIAGRAMA DO CONLUIO

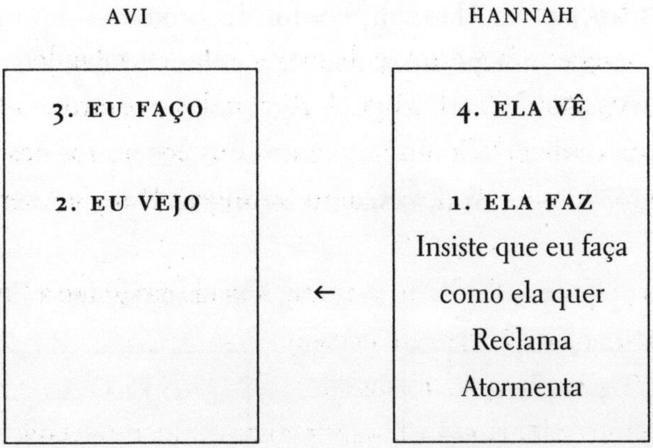

– Por que você está chamando isto de conluio? – Pettis perguntou.

– Por razões que ficarão claras em poucos minutos – Avi respondeu. – Lembre-me de voltar a isto, tudo bem?

Pettis assentiu com a cabeça.

– Quando Hannah pediu que eu aparasse as bordas do gramado – Avi continuou –, como vocês acham que comecei a vê-la ou considerá-la?

– Como exigente – Miguel respondeu. Olhando para Rita, acrescentou: – Absurda, também.

Avi anotou aquilo na área marcada com um 2.

– Vamos e venhamos – Lou interveio –, ela foi um pé no saco, pura e simplesmente. Não quer dizer que seja sempre assim. Hannah provavelmente é uma mulher maravilhosa. Mas, nesse caso, deveria ter aparado as bordas ela própria e parado de reclamar.

– O.k., Lou – Avi deu uma risada, enquanto acrescentava "pé no saco" no quadro. – Seria justo dizer que eu a estava vendo como um objeto?

– Como um obstáculo, com certeza – Lou respondeu.

Avi acrescentou isso também.

– Assim, ao ver Hannah, conforme anotamos aqui no número 2, como um pé no saco, etc., como foi que eu agi? O que fiz?

DIAGRAMA DO CONLUIO

AVI		HANNAH
3. EU FAÇO ↑ **2. EU VEJO** Um Objeto: Exigente Absurdo Pé no saco	←	**4. ELA VÊ** **1. ELA FAZ** Insiste que eu faça como ela quer Reclama Atormenta

– Você protestou – Gwyn respondeu. – Você achou que não precisava aparar o gramado e disse isso a ela. De uma forma um tanto imatura, eu poderia acrescentar.

Avi sorriu afavelmente.

– Sim, obrigado, Gwyn.

– Oh! De nada – ela respondeu, num tom de voz incisivo.

– Então protestei – Avi repetiu, enquanto acrescentava isto à área marcada como número 3. – O que mais eu fiz?

– Eu diria que você estava tentando ajudá-la a ver a situação com bom senso – Elizabeth falou. – Não acho que estivesse sendo imaturo, necessariamente – acrescentou. – Incomodado, com certeza, mas não imaturo. Afinal, você cortou a grama mesmo estando sem tempo. Você estava apenas tentando ir ao seu jogo de tênis.

– Sim, *seu* jogo – Gwyn observou. – Esta é a questão. Talvez ela tivesse seus próprios planos. E a vontade dela? Não deveria ser levada em conta?

– O.k., Gwyn, diga lá – Lou interrompeu. – Quais planos de Hannah exigiam que Avi aparasse o gramado, e justamente naquele momento? O que aquilo tinha a ver com os planos *dela*, se é que ela tinha algum plano?

– Se é que ela tinha algum plano? – Gwyn repetiu em tom de gozação. – As mulheres não podem ter planos, Lou?

– Claro que podem ter planos. Não é isso que estou dizendo. Mas não me transforme no seu plano. Não tente mandar na minha vida e, depois, agir como se eu estivesse violando seus direitos civis, se eu não fizer exatamente o que você quer.

– Então você também é racista – Gwyn revidou, fazendo com a cabeça um sinal de "saquei muito bem".

– Racista? O que você está dizendo? Qual o seu problema, senhora? O que você tem contra mim?

– Gwyn, Lou – Avi suplicou –, vamos parar com isso. Podemos discordar de um monte de coisas, mas a maneira de discordar faz muita diferença. Se começamos a ver os outros como objetos, chegaremos ao ponto em que teremos que vê-los como desagradáveis, e não simplesmente como pessoas discordantes. Uma vez que isso aconteça, acabaremos nos provocando mutuamente, como aconteceu com Hannah e eu. Não vamos cair na armadilha que estamos tentando entender e evitar.

Esse comentário, como o convite de Avi alguns minutos antes, pareceu reduzir parte do rancor na sala. Mas Avi sabia que se tratava de ilusão. A raiva – ou, mais precisamente, a guerra – estava fermentando sob a superfície e ameaçava dominar os corações e as mentes, os pensamentos e as emoções.

– Voltemos à nossa história – ele disse.

DIAGRAMA DO CONLUIO

AVI		HANNAH
3. EU FAÇO Protesto Ensino a ela Obedeço de má vontade	→	**4. ELA VÊ**
↑		
2. EU VEJO Um Objeto: Exigente Absurdo Pé no saco	←	**1. ELA FAZ** Insiste que eu faça como ela quer Reclama Atormenta

– Então protestei com Hannah – ele disse, apontando para a área marcada com 3 – e tentei ensinar-lhe. E, é claro, acabei aparando o gramado. Na verdade, aparei com uma espécie de energia hostil, certo? De má vontade.

A maioria das pessoas na sala assentiu com a cabeça.

– Dada a minha maneira de agir e como eu estava vendo Hannah, como vocês acham que ela me via?

– Como egocêntrico – Gwyn respondeu.

– Como desatencioso – opinou Rita.

– Como imaturo – acrescentou Gwyn.

– Sim, O.k. Obrigado. – Avi deu um sorriso irônico, acrescentando esses comentários à área 4. – Vejamos então a situação – ele disse, afastando-se do quadro.

DIAGRAMA DO CONLUIO

AVI		HANNAH
3. EU FAÇO Protesto Ensino a ela Obedeço de má vontade ↑	→	**4. ELA VÊ** Um objeto: Egocêntrico Desatencioso Imaturo ↓
2. EU VEJO Um Objeto: Exigente Absurdo Pé no saco	←	**1. ELA FAZ** Insiste que eu faça como ela quer Reclama Atormenta

– Se Hannah está me vendo como escrevemos aqui no número 4, como egocêntrico, desatencioso e imaturo, sua tendência a insistir que eu faça o que ela diz e a reclamar se eu não fizer será menor ou maior?

– Maior – o grupo respondeu.

– Então ela fará mais do que listamos aqui no número 1, o que significa que verei e farei mais do que listamos nos números 2 e 3, e ela então verá e fará mais do que listamos nos números 4 e 1! Cairemos num círculo vicioso, cada um de nós provocando no outro exatamente aquilo de que estamos nos queixando. – Fez uma pausa para que suas palavras fossem assimiladas. – Pensem nisto – ele disse. – Cada um de nós acaba atraindo os mesmos comportamentos que dizemos que detestamos no outro!

– Mas isto é loucura – Pettis observou.

– É, sim, Pettis. Daí chamarmos isso de *conluio*, em vez de meramente *conflito*.

Pettis ficou intrigado.

– Não sei se entendi a diferença.

– A palavra "conflito" é passiva – Avi respondeu. – É algo que *nos* atinge. Por exemplo, algo que chamamos de conflito pode simplesmente resultar de um mal-entendido. Mas muitos conflitos não são assim. Muitos conflitos são como aqueles que vimos abordando: envolvem situações onde as partes estão ativamente empenhadas em perpetuar o problema. Nesses casos, longe de sermos vítimas passivas do mal-entendido, nós nos tornamos perpetuadores ativos do mal-entendido. A palavra "conluio" capta esse elemento de participação ativa com mais precisão do que "conflito". Por isso, nós a usamos para descrever conflitos nos quais as partes estão, na verdade, atraindo exatamente aquilo contra o que estão lutando. – Nessa altura, Avi escreveu estas palavras no quadro:

> **CONLUIO:**
> Um conflito no qual as partes estão atraindo exatamente aquilo contra o que estão lutando.

– E você tem razão – Avi continuou. – Isto é uma loucura. Entretanto, a loucura prevalece em grandes áreas de nossas vidas. Ela descreve grande parte do que acontece entre cônjuges que estão brigando, pais e filhos em conflito, colegas de trabalho competindo entre si e países em guerra. – Avi olhou em volta para o grupo. – Descreve também o que acabou de acontecer nesta sala, certo? Estamos começando a provocar nos outros exatamente os comentários e comportamentos de que os estamos acusando. Apesar da loucura, esse padrão de violência interpessoal pode passar a governar as nossas vidas e as vidas das empresas e países onde trabalhamos e vivemos. Na verdade – ele continuou –, essa loucura tende a se espalhar. Vou mostrar como.

6 • *Escalada*

– Olhem pela sala – Avi voltou a propor. – Com quem vocês gostariam de se reunir e conversar se fizéssemos um intervalo? Vamos – insistiu. – Olhem em volta.

Gwyn lançou um olhar furtivo em direção a Rita e Carol. Miguel olhou rapidamente para Lou, mas desviou o olhar quando Lou se virou para ele. Lou lançou um olhar indagador a Elizabeth, mas ela não correspondeu. Ela parecia não querer ser incluída naquela dupla.

– E o que vocês tenderiam a conversar com essas pessoas? – Avi perguntou.

Houve um silêncio na sala, mas olhos se mexeram aqui e ali, e ficou claro para Avi que o grupo estava respondendo silenciosamente àquela pergunta.

– Gwyn – Avi disse, interrompendo o silêncio –, desculpe a ousadia da pergunta: com quem na sala você mais gostaria de conversar, e sobre o que você acha que seria a conversa?

– Oh! Provavelmente Rita, eu diria. E talvez Carol. E sobre que conversaríamos? Sobre seus maridos, imagino – ela respondeu, com um sorriso irônico. – Se são sempre tão intolerantes ou só quando estão em público.

Avi entrou em ação antes que Lou pudesse retaliar.

– Observem o que aconteceu aqui – Avi disse. – Gwyn acaba conversando com Rita e Carol. E sobre quê? Sobre como cada uma delas vem sendo tratada injustamente por outra pessoa. A gente acaba se reunindo com aliados – reais, percebidos ou potenciais – como uma forma de nos sentirmos justificados em nossas visões acusadoras dos outros. Como resultado desse fato, os conflitos tendem a se espalhar.

Acrescentando mais caixas ao diagrama do quadro, ele disse:

– Assim.

DIAGRAMA DO CONLUIO

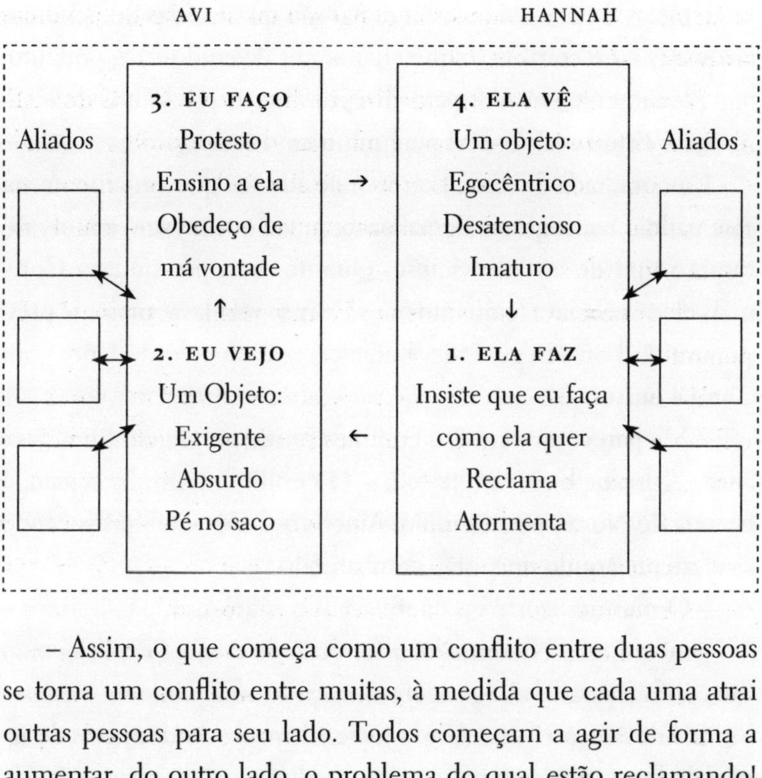

– Assim, o que começa como um conflito entre duas pessoas se torna um conflito entre muitas, à medida que cada uma atrai outras pessoas para seu lado. Todos começam a agir de forma a aumentar, do outro lado, o problema do qual estão reclamando! Vimos isso acontecer nesta sala nos últimos minutos. Com certeza aconteceu assim na minha casa, à medida que Hannah e eu encontramos maneiras de atrair nossos filhos para a briga. Eu faria uma cara feia, por exemplo, quando Hannah exigisse algo de mim.

E me lamentaria com meus filhos quando achasse que ela estava pegando pesado demais. Eu recrutei meus filhos para se sentirem maltratados como eu.

– Isto é horrível – Gwyn comentou.

– Sim – Avi concordou. – E aposto um dinheirão que suas empresas também parecem assim: funcionários recrutando colegas com as histórias que contam, dividindo as empresas em feudos beligerantes, um grupo reclamando sem parar do outro, e o outro reagindo no mesmo tom. Até que finalmente as suas empresas estão repletas de pessoas cujas energias são quase todas despendidas em sustentar o conflito (o que chamamos de conluio) e, portanto, não plenamente voltadas para atingir as metas produtivas da organização. Estou certo? – Avi perguntou com ênfase.

Embora nada dissesse, Lou teve de admitir que certamente via esse padrão na Zagrum. Podia também ver a si mesmo e Cory no mesmo tipo de círculo vicioso. Quanto mais pressionava Cory, mais ele se rebelava, e quanto mais Cory se rebelava, mais ele pressionava. E Lou arregimentava aliados, reclamando de Cory com Carol e outros.

– Me parece que muitos conflitos mundiais são conluios também – Elizabeth se manifestou. – O conflito na minha região, a Irlanda do Norte, por exemplo. Ambos os lados estão provocando exatamente aquilo que estão combatendo.

– O mesmo ocorre no conflito entre israelenses e palestinos – Avi concordou. – Na verdade, o conceito de conluio explica como um conflito pessoal antigo agora ameaça o mundo inteiro. Vejam a história de Abraão e seus filhos, Isaac e Ismael. Conforme os desígnios de Deus, eles se tornaram pais de duas nações: Isaac, o pai do povo israelita, e Ismael, o pai do povo árabe. Assim, esses homens têm um papel especial nos sistemas religiosos de judeus, cristãos e muçulmanos no mundo inteiro. Judeus e cristãos acreditam que Isaac foi o filho escolhido, com direitos específicos concedidos a ele e à sua descendência, incluindo o direito sobre a terra. Eles acreditam que Deus testou a fé de Abraão ordenando que oferecesse Isaac em sacrifício. Segundo o Antigo Testamento, esse sacrifício deveria acontecer num monte, na terra de Moriah, onde fica a atual Jerusalém. Séculos antes, o rei Salomão construíra um templo nesse monte, que ficou conhecido como monte Moriah: daí termos escolhido este nome para nossa instituição. Nos tempos modernos, sobre esse monte se ergue o complexo da Mesquita de Al Aqsa, originalmente construído pelos muçulmanos após a conquista inicial de Jerusalém, sobre a qual Elizabeth nos falou. Um famoso santuário, conhecido como Domo da Rocha, ocupa o local onde os muçulmanos acreditam que Maomé teria ascendido ao céu. Acredita-se ter sido também o local da experiência de Abraão e seu filho.

Avi continuou:

– O que nos leva a Ismael. Embora o Corão não se manifeste a respeito, muitos muçulmanos acreditam que foi Ismael, e não Isaac, que Abraão recebeu ordem de sacrificar em Moriah. Os muçulmanos também acreditam que Ismael, e não Isaac, foi o filho escolhido. Finalmente, acreditam que Ismael, e não Isaac, recebeu o direito sobre a terra. Assim temos uma disputa entre irmãos: aqueles que acreditam que Isaac foi o filho escolhido e aqueles que vêem Ismael como o escolhido. Os descendentes de cada um acreditam ter herdado direitos sobre a terra, a herança e as bênçãos do profeta Abraão.

Avi apontou para o diagrama do conluio.

– Vocês poderiam colocar Isaac no lugar do meu nome, e Ismael no lugar de Hannah, e o diagrama seria igualmente válido para o conflito. Os crentes de cada lado agora provocam no outro as mesmas crueldades de que estão se queixando.

– Mas e se um dos pontos de vista for o certo, Avi? – Lou interveio. – Você está sugerindo que todas as partes de um conflito estão igualmente erradas, ainda que as alegações de um lado sejam patentemente falsas?

– As alegações de qual lado são patentemente falsas aqui, Lou? – As cabeças do grupo olharam em volta. Era Yusuf, que retornara discretamente sem que ninguém percebesse, um ou dois minutos atrás.

– Bem, Yusuf – Lou respondeu, após reavaliá-lo por um momento. – Eu diria que o seu.

– O meu?

– Sim.

– E quais seriam as razões?

Lou instantaneamente se arrependeu de seu atrevimento.

– Bem, não sei qual é o seu ponto de vista individual, Yusuf – ele disse, tentando consertar a resposta anterior. – Estava me referindo mais aos pontos de vista de seu povo.

– E que povo seria?

– Os descendentes de Ismael – Lou respondeu, com uma indiferença forçada. – O povo árabe.

Yusuf assentiu com a cabeça.

– Outra característica de conflitos como esses – ele disse, apontando para o quadro – é a propensão a demonizar os outros. Uma forma de fazer isso é agrupar os outros em categorias sem vida: brancos preconceituosos, por exemplo, negros preguiçosos, americanos burros, europeus arrogantes, árabes violentos, judeus manipuladores e assim por diante. Quando agimos assim, transformamos massas de pessoas desconhecidas em objetos, e muitas delas em nossos inimigos.

– Não estou transformando ninguém em inimigo, Yusuf. Estou apenas nomeando aqueles que se declararam inimigos.

– Todos os árabes fizeram isso? – Yusuf perguntou. – E apontaram você, Lou Herbert, como inimigo?

De início, Lou ficou perplexo com a pergunta, mas depois se reclinou na cadeira, com um olhar súbito de confiança redescoberta:

– Por que você insiste em mudar de assunto?

– Não acho que mudei, Lou.

– Oh! Sim, você mudou – Lou contestou. – Você vive respondendo às minhas perguntas com outras perguntas que não têm nenhuma relação. Você não quer responder a minhas perguntas e por isso cria miragens.

Yusuf nada disse.

– Quer saber de uma coisa, Yusuf? Só vou responder às suas perguntas depois que você responder às minhas.

– Muito bem – Yusuf admitiu. – O que você gostaria que eu respondesse?

– O.k. Em primeiro lugar – Lou começou –, perguntei se faz diferença num conflito se um lado está certo e outro está errado. Então pergunto de novo: isso importa?

– Sim – Yusuf respondeu. – Importa, sim. – Mas não da maneira que você pensa.

– O que você quer dizer com isso?

– Veja bem, Lou – Yusuf respondeu calmamente –, você já esteve num conflito com alguém que se julgava errado?

Lou pensou em Cory e na reunião da sala da diretoria com seus cinco executivos amotinados.

– Não – respondeu friamente. – Mas isso não quer dizer que não esteja.

– Verdade – Yusuf concordou. – Mas veja: nenhum conflito pode ser resolvido enquanto todas as partes estiverem convencidas de que estão certas. A solução só é possível quando ao menos uma parte começa a cogitar na possibilidade de estar errada.

– Mas e se eu não estiver errado? – Lou proferiu impulsivamente.

– Se você não estiver errado, então você estará disposto a considerar como poderia estar errado.

– Que tipo de enigma tortuoso é esse?

Yusuf sorriu.

– Parece um enigma, Lou, porque não estamos acostumados a considerar o que existe por baixo das nossas palavras, ações e pensamentos. A forma mais profunda de estarmos certos ou errados é na nossa *maneira de ser* em relação aos outros. Posso estar certo na superfície, em meu comportamento ou opiniões, e estar totalmente errado por baixo, na minha maneira de ser. Eu poderia, por exemplo, berrar com meus filhos sobre a importância dos afazeres domésticos e estar totalmente certo sobre sua importância. Mas vocês acham que eu obtenho a ajuda e a cooperação desejadas quando meu coração está em guerra e eu falo aos berros? Se eu não permanecer aberto a como poderia estar errado nesse sentido mais profundo, poderei viver a vida toda convencido de que estava do lado certo de um dado conflito, mas não terei encontrado soluções duradouras.

A mente de Lou voltou-se para Cory e sua dificuldade de dizer uma palavra gentil a ele durante quase dois anos.

– Portanto, Lou – Yusuf continuou –, em seus conflitos com os outros, mesmo estando convencido de que tinha razão nas posições que adotou, você pode dizer com confiança que também teve razão na sua *maneira de ser* em relação a eles? Você pode dizer que os vê como pessoas, e não como objetos, em suas divergências, e que seu coração estava portanto em paz, e não em guerra?

Lou, ainda silencioso, desmoronou na cadeira. Sabia que a resposta àquela pergunta era óbvia para todos na sala. Seu coração, além de não estar em paz com os outros, parecia revelar com freqüência uma guerra interpessoal.

Aquele pensamento fez sua memória retroceder outra vez.

Lou crescera em Athens, Nova York, uma cidadezinha pitoresca localizada na margem do Rio Hudson, uns 200 quilômetros ao norte de Manhattan e 50 quilômetros ao sul de Albany. Seu pai era fazendeiro e trabalhava sete dias por semana cultivando maçãs, ganhando a vida com dificuldade. Moravam numa casa de fazenda de tábuas brancas do tempo da Guerra Civil a menos de 50 metros das margens do Hudson. A fazenda, modesta, media apenas quatro hectares, mas ocupava o terreno mais bonito de Greene County, uma península que se projeta pelo Hudson adentro. Do andar superior da casa da fazenda, dava para ver as montanhas Catskill erguendo-se sobre as árvores, a oeste. O cenário era tão bonito que o pai de Lou nunca quis sair de lá, embora pudesse explorar uma fazenda bem maior em outra parte.

Durante toda a juventude de Lou, a família possuíra um só veículo: um caminhão agrícola vermelho de 1942, com uma grade de madeira de 1,2 metro de altura da mesma cor na traseira. O caminhão trepidava e engasgava como um fumante inveterado de 90 anos. Lou cresceu achando que o acostamento da rua não passava de uma segunda pista, já que seu pai quase sempre roçava a relva que se estendia ao longo das estradas para dar passagem aos outros veículos.

A compra de um carro novo pelos Herbert foi, portanto, um acontecimento. Lou, com 16 anos na época, ficou ansioso para mostrar o carro novo aos amigos. Um dia Lou perguntou se poderia usá-lo para resolver uns assuntos na cidade. Sentindo o entusiasmo do filho, o pai de Lou concordou.

Lou correu até a entrada da fazenda e deu partida no carro. Empolgado com o zumbido baixo do motor, lembrou que esquecera a carteira em casa e correu para apanhá-la. Quando voltou, esbaforido, ficou horrorizado ao ver que o carro desaparecera! Lou lembrou seu sentimento de pânico, ao pensar que o carro poderia ter deslizado pela rampa de acesso e mergulhado no Hudson. *Será que esqueci de puxar o freio?*, Lou pensou ao descer correndo a rampa. Na curva, marcas de pneus recentes desciam em direção ao rio. Lou correu até a margem do barranco e olhou para baixo: os faróis do carro do pai o fitavam, enquanto as águas lentamente sugavam o carro para o fundo, até ele desaparecer de vista.

Ele subiu, entorpecido, de volta para casa, perguntando-se como dar a notícia ao pai. Entrou em casa e viu o pai na sua poltrona favorita, lendo um jornal. Por um momento, Lou pensou em sair silenciosamente: sua mente foi dominada por pensamentos de fuga.

– Esqueceu mais alguma coisa? – o pai perguntou, sem se virar.

– Não – Lou respondeu, sentindo-se encurralado. Não havia como evitar a notícia. – Pai – ele disse, com a voz hesitante. – Eu... – Não conseguia prosseguir. – Eu...

Respirou fundo para se encher de ar e de coragem para contar o ocorrido.

– Pai, eu... O carro... – gaguejava, com espasmos entre as palavras. – Acho que devo ter esquecido de puxar o freio – conseguiu pôr para fora. – Está no rio, pai. O carro está no rio! Me desculpe – ele disse, irrompendo em soluços. – Me desculpe.

O que aconteceu a seguir marcou tão profundamente a memória de Lou que ele tem certeza de que, se um dia sofrer da doença de Alzheimer ou algo parecido, será a última lembrança a deixá-lo.

Ele lembra que tremia enquanto aguardava a resposta do pai. Este não se voltou para o filho, mas continuou sentado, fitando o jornal aberto à sua frente. Então levantou devagar a mão esquerda até o canto superior da página direita e virou-a para continuar a ler. Depois disse a frase que Lou jamais esqueceria:

– Acho que então você vai ter que usar o caminhão.

Cada vez que lembrava a cena, Lou voltava a se espantar. Não houve punição, nem lição de moral, nem raiva visível. Apenas: "Acho que então você vai ter que usar o caminhão."

Lou percebeu naquele momento que o coração do pai estava em paz em relação ao filho, uma paz tão poderosa que não podia ser interrompida nem por uma provocação tão forte como a perda de um carro comprado com muito sacrifício. Talvez, em sua sabedoria, ele soubesse que Lou seria agora a última pessoa do mundo a deixar um carro mergulhar num rio. Talvez, naquele instante, percebesse que uma lição de moral não levaria a nada e só magoaria um filho já traumatizado.

Um filho já traumatizado. Lou foi sacudido pelo pensamento. Ele também possuía um filho assim, mas raramente poupava a lição de moral. *Em que me transformei?*, pensou silenciosamente. *Por que declaro guerra tão depressa?*

– Eu já vi Lou dessa maneira, Yusuf – Carol disse, e sua voz trouxe seu marido de volta de suas lembranças. – Quando seu coração está em paz. Muitas vezes, na verdade.

Lou voltou-se para ela, com a boca abrindo ligeiramente, em grata surpresa.

– Lou consegue ser caloroso e prestativo, apesar do que vocês viram aqui hoje – ela acrescentou, se desculpando. Após uma pausa momentânea, prosseguiu: – Posso revelar para vocês uma história?

– Por favor – Yusuf concordou.

– Antes disso – ela começou – preciso pedir desculpas a você, Miguel. Fui grosseira ao dizer que Rita tinha que fazer tudo. Foi uma terrível falta de consideração e presunção minha. Espero que você me perdoe.

Miguel pigarreou.

– Sem problemas – ele sorriu. – Esqueça isso.

– Obrigada – Carol disse. – Sinto muito.

Ela se voltou de novo para o grupo.

– Isto não vai ser fácil para mim. Mas acho que será proveitoso para vocês, para todos vocês, ouvir a minha história.

"Durante anos, no nosso casamento – ela continuou –, carreguei um segredo. Eu sofria de bulimia. E tinha vergonha. Não queria decepcionar Lou nem me arriscar a perder seu amor. Por isso, não contei a ele. Aí aconteceu algo que me despertou para a possibilidade de que eu poderia estar me matando, não apenas emocional e psicologicamente, mas fisicamente também. Senti-me fatigada por um longo período, até que finalmente fui consultar minha médica. Ela me mandou fazer uma série de exames e depois perguntou sem rodeios se eu sofria de algum distúrbio alimentar. No início neguei. Mas, quando ela me mostrou os resultados dos exames e contou que meu corpo estava entrando em colapso e minha saúde e até mesmo minha vida corriam risco, desabei. Contei a verdade entre soluços. Aí veio a parte mais difícil. Eu sabia que tinha que informar Lou do problema, porque deixara de ser apenas um distúrbio físico. Eu precisava da ajuda dele e, mesmo que não precisasse, não podia continuar mantendo segredo. Portanto eu me abri, morrendo de medo de que aquilo pudesse ser o início do fim de nosso casamento. Mas não foi. Acho que ele ficou magoado, mas não se fixou nisso. Pelo menos, não que eu saiba. Sua preocupação comigo foi imediata e total. Acho que nunca fui tão grata a alguém na minha vida como naquele momento e nos meses seguintes. Concordamos que eu contaria a ele, todas as noites, como me saíra naquele dia. Houve muitos dias em que tive de contar, humildemente, que tinha falhado. Mas, falhando ou não, ele acariciava suavemente as minhas costas até eu adormecer. A certa altura, com seus carinhos e sua paciência em ouvir meus problemas, a compulsão acabou me deixando. Desde então, nunca mais senti aquelas tentações da bulimia, e olhem que já se passaram muitos anos."

Enquanto Carol contava sua história, ela parecia ganhar vida nova, com mais confiança. A atmosfera na sala começou a mudar. O rosto de Lou, durante boa parte da manhã enrugado pela impaciência e o ressentimento, estava mais sereno. Até mesmo Gwyn – a rival mais empedernida de Lou até aquele momento – relaxara pela primeira vez. A tensão abandonara seu rosto e membros, e ela se inclinou à frente com interesse, sem hostilidade. Elizabeth também parecia se portar de forma diferente, e seu ar frio anterior deu lugar a uma atenção concentrada. Ouviu Carol com atenção.

– De qualquer modo – Carol concluiu –, achei importante vocês conhecerem este lado de Lou. Ele está longe da perfeição, mas fundamentalmente é um homem bom. Por isso quis me casar com ele e continuo satisfeita com o casamento, apesar do desafio que às vezes somos um para o outro.

Lou deixou pender a cabeça um pouco. Na verdade, sentia vergonha. Lembrava bem a experiência que Carol relatara, mas sabia que raramente vivera à altura daquele ideal.

– Obrigado, Carol, por contar isso – Yusuf agradeceu. – É uma história maravilhosa.

Carol assentiu com a cabeça.

– Gwyn – ele continuou –, estou curioso. Como foi que você reagiu a essa história?

Gwyn foi pega de surpresa pela pergunta.

– Não entendi bem o que você quis dizer.

– Ela influenciou a sua impressão sobre Lou?

Gwyn refletiu a respeito por um momento.

– Acho que influenciou um pouco, sim.

– Elizabeth – Yusuf perguntou –, e você? Essa história mexeu com você?

Elizabeth olhou para Lou por um momento antes de responder:

– Sim, mexeu – respondeu.

– De que maneira?

Ela olhou de volta para Yusuf.

– Lembrou-me de alguém – respondeu tranqüilamente, sem querer entrar em mais detalhes.

– Então vocês duas acham que Lou tinha razão em tudo que disse hoje?

– Não – Gwyn apressou-se em responder, mas sem a contundência de antes.

– Oh! Não acho que Lou estivesse totalmente errado – Elizabeth disse. – Achei-o interessante, digamos assim.

– Acho que preferiria estar errado – Lou pilheriou.

– Bem, você também não estava totalmente certo – ela disse.

– Isso soa bem melhor – Lou observou.

– E você, Lou? – Yusuf perguntou. – Acha agora que Gwyn estava certa, por exemplo, e que você estava errado?

– Não, senhor. – A formalidade surpreendeu a todos, inclusive Lou.

– Mas quando você acha que vocês dois conseguiriam resolver melhor as possíveis divergências, agora ou meia hora atrás?

Lou e Gwyn se entreolharam rapidamente.

– Acho que agora – Lou respondeu.

Gwyn assentiu com a cabeça.

– Mas por quê? – Yusuf perguntou. – Você continua não concordando com a posição da outra pessoa. Então por que acha que agora seria mais capaz de encontrar soluções do que antes?

Pettis se manifestou.

– É aquilo que você e Avi vinham dizendo: o depoimento de Carol humanizou Lou, eu acho. E, sei lá, talvez, para Lou, ouvir o relato conosco tenha humanizado um pouco o grupo também. Repetindo as próprias palavras de vocês, acho que estamos nos vendo como pessoas, mais do que antes.

– Exatamente – Yusuf concordou. – E isso parece fazer diferença, não?

Pettis e o restante do grupo fizeram um sinal de sim com as cabeças.

– Portanto, se queremos encontrar soluções duradouras para conflitos difíceis ou guerras externas em que estamos envolvidos – Yusuf disse –, primeiro precisamos abandonar as guerras internas que envenenam nossos pensamentos, sentimentos e atitudes em relação aos outros. Sem acabar com a violência dentro de nós, não há esperança de acabar com a violência lá fora.

– Então como você acaba com ela? – Pettis perguntou.

– Para entendermos como aumentar nossa paz – Yusuf respondeu – precisamos primeiro entender como e por que optamos pela guerra. Mas já passa da hora do almoço.

Todos na sala consultaram os relógios quase ao mesmo tempo. Ficaram surpresos com a hora.

– Vamos fazer uma pausa para o almoço e voltar às duas da tarde. Aí veremos como nossos corações passaram da paz para a guerra. Tudo bem?

– Sim – todos responderam.

– Um pedido rápido antes de vocês partirem. Enquanto estiverem fora, eu os desafio a verem como uma pessoa todos aqueles que encontrarem: o chofer do carro ao lado, o garçom do restaurante aonde vocês forem, o cônjuge ou companheiro com quem estiverem. Façam questão de ver todos nos próximos 90 minutos como pessoas e observem o resultado. Tudo bem?

O grupo, que já começava a se levantar, fez que sim com a cabeça.

– Teri e Carl – Yusuf chamou –, posso falar com vocês por um momento?

Enquanto deixava a sala, Lou ouviu Yusuf dizer para eles:

– A filha de vocês, Jenny...

– Sim?

– Ela está fugindo.

PARTE II

Da paz à guerra

8 • *Realidade*

— Ouviu isso, Carol? — Lou perguntou, correndo atrás dela, rumo ao estacionamento. — Aquela garota, a Jenny, sabe? Aquela que estava berrando e se comportando mal de manhã: fugiu, saiu correndo.

— Onde?

— Aqui, pela rua.

Carol parou.

— Oh! Que horrível — ela disse, olhando em direção à rua. — Pobre garota. Estava sem sapatos. Será que devemos tentar encontrá-la?

— Com certeza Yusuf e sua equipe estão tratando do assunto — ele respondeu.

Antes, Carol acharia aquela resposta sarcástica, mas agora julgou ouvir um sinal de respeito na voz de Lou.

Lou consultou o relógio.

— Ouça, Carol, tenho que dar uns telefonemas.

— Agora?

— Sim. A situação no escritório está complicada. Tenho que contatar uma série de pessoas.

— Não dá para fazer isso depois?

— Eles provavelmente terão voltado para casa quando formos liberados, à noite. Vou ter que ligar agora.

— Você nunca se incomodou de ligar para eles sexta-feira à noite — ela observou.— Por que esta mudança?

Lou sabia do que Carol estava desconfiada, mas não queria lhe dar a satisfação de admitir que ele estava realmente refletindo sobre o que Avi e Yusuf haviam dito. Evitando uma resposta direta, ele disse:

— Bem, se puder evitar ligar para eles em casa, eu prefiro. Com toda essa confusão em que estão envolvidos... Não quero piorar as coisas.

— O.k. — Carol aquiesceu. — Vou trazer algo para você comer.

— Obrigado — Lou agradeceu e saiu em busca de um lugar isolado, onde pudesse fazer as ligações.

Sabia para quem teria que ligar primeiro: sua secretária. Mas a ligação caiu na caixa postal. *Onde será que ela se meteu?*, pensou, para só então se dar conta de sua desconfiança.

— Deixe o seu recado — disse a voz agradável.

— Susan, é Lou. Queria saber como andam as coisas. Ligarei de novo mais tarde. — Naquele momento, subitamente rememorou o caos em que deixara o escritório na véspera e sentiu uma pontada de arrependimento. — Mais uma coisa — surpreendeu-se dizendo —: quero que você me desculpe— ele hesitou. — Sinto muito por ter perdido a cabeça com você ontem, antes de sair. Não tive a intenção, realmente. Acho que foi o peso de tudo que está ocorrendo, e acabei descarregando em você. Portanto, me desculpe por tudo. É o que eu tinha a dizer. Continue lutando.

"*Continue lutando*"? Lou repetiu ao desligar o telefone. *Não consegue dizer nada melhor do que isto? "Continue lutando?"* Lou fez um sinal de não com a cabeça. No entanto, em vez de se sentir desapontado por sua despedida, Lou sentiu-se bem por ter ligado para Susan.

Mas a ligação seguinte seria mais difícil. Era para Kate — Kate Stenarude, que havia liderado o motim de sua equipe executiva.

Kate tinha sido um dos 20 funcionários iniciais da Zagrum, onde ingressou no setor de atendimento de pedidos, antes de se graduar em História. Funcionária brilhante, sua combinação de cérebro, simpatia e garra profissional rapidamente a levou à chefia da divisão de vendas. Apesar da pouca idade, até o Desastre de Março era a preferida de todos, como sucessora de Lou — quando e se ele resolvesse se aposentar, é claro. Ela era a única diretora que conservava um profundo apreço pelas pessoas em volta, independentemente do nível hierárquico ou do cargo. Quando entrava na Zagrum todas as manhãs, conversava, cumprimentava e sorria da mesma maneira que no dia de sua contratação. Não caminhava como um figurão, mas como uma pessoa comum. E as pessoas a adoravam por isso.

Assim, quando ela deixou o prédio naquela manhã chuvosa de março, "escoltada", por ordem de Lou, por membros constrangidos da equipe de segurança, foi como se o coração e a alma da empresa tivessem partido com ela. Lou sabia disso, embora até então viesse tentando negar o impacto da saída de Kate. Mas a verdade era que sua perda prejudicava mais a empresa do que a perda combinada dos outros quatro executivos. Provavelmente mais até do que se o próprio Lou tivesse partido.

Ele tinha que ligar para ela. *Mas o que eu vou dizer?*, ele se perguntou.

Ficou ali parado, com a mesma insegurança que sentia na adolescência quando queria chamar uma garota para sair.

Que inferno, ligue logo para ela!, gritou mentalmente, tentando se libertar da timidez de adolescente.

Discou o número e aguardou: um toque, depois dois, três, quatro...

A cada toque, sentia o pânico da juventude retornar, até que decidiu que, se ela não atendesse até o sexto toque, ele desligaria.

O sexto toque nem terminara quando ele encerrou a chamada, com um espasmo de alívio e pequenas gotas de suor na testa. *Ao menos tentei*, disse para si mesmo. *Tentarei de novo mais tarde.*

Mas seu coração em disparada dizia que tão cedo ele não teria coragem para ligar de novo.

Agora o verdadeiro trabalho, pensou, enquanto discava para John Rencher, o presidente do sindicato local, que ameaçava uma greve.

— Alô — ouviu a voz.

— John. — Aquilo foi mais um pedido de atenção do que uma saudação.

— Sim.

— É Lou Herbert.

Silêncio.

Somente então Lou lembrou da tarefa de Yusuf de ver todo mundo como pessoa.

— Ei, ouça, John — ele disse, na voz mais gentil que foi capaz de exibir. — Estava pensando em nos reunirmos, quando eu voltar, e examinarmos de novo a sua proposta.

— Examine você — Rencher revidou. — Você está com ela faz uma semana.

— Eu estava pensando que eu e você poderíamos avançar se discutíssemos as coisas — Lou respondeu, ainda o mais amigável possível.

— Então você quer exigir mais de nós.

— Estamos numa negociação.

— Não, Lou, é um ultimato. Vamos paralisar tudo até você atender as nossas reivindicações. Você vem coagindo o nosso pessoal já faz muito tempo. Acabou, Lou.

— Ouça bem, seu bosta — Lou explodiu. — Você pode pegar seus idiotas preguiçosos e inúteis e ferrar com a empresa de outra pessoa, se quiser. Mas, se entrarem em greve contra mim, nunca mais entram na Zagrum. O sindicato jamais voltará a transpor as minhas portas. Entendeu?

E repetiu:

— *Entendeu?*

Mas o telefone estava mudo. Rencher tinha desligado.

Lou deu um grito de frustração, enquanto atirava o telefone na parede.

— Dever de casa idiota — resmungou. — Ver as pessoas como pessoas — repetiu para si mesmo num tom sarcástico de cantilena. — Brincadeira! Yusuf nunca trabalhou um só dia no mundo real. Ele não sabe o que é abusarem da sua paciência! Isso, vá em frente, Yusi —disse para o ar, zombando —, experimente seu método bonzinho com o sindicato. Você vai ver o resultado. E com os terroristas. E com Cory também. Eles vão deitar e rolar depois de receber um pouquinho do seu amor do Oriente Médio. – Riu de suas palavras contraditórias e fez um não com a cabeça, com raiva e indignação. — Perda de tempo. Esse negócio todo é pura perda de tempo.

Quando Carol voltou do almoço, trazendo uma quentinha nas mãos para Lou, ele a interceptou antes que entrasse no prédio.

— Carol, vamos embora.

— O quê? — ela disse surpresa.

— Você ouviu, vamos embora.

— Embora — ela repetiu sem acreditar. — Por quê?

— Porque isso é uma perda de tempo, e não tenho tempo para desperdiçar.

Carol o encarou preocupada.

— O que aconteceu nos seus telefonemas, Lou?

— Nada.

— Sério, Lou, o que aconteceu?

— O.k., vou contar, já que você quer saber. Fui lançado de volta na realidade, foi isso que aconteceu. Alguém me fez cair na real. Vamos embora.

Lou começou a se dirigir para o carro, mas Carol não se mexeu.

— Carol, eu disse que estamos indo embora.

— Ouvi o que você disse, mas não vou permitir. Não desta vez, Lou. Muita coisa está em jogo.

— Você tem razão ao dizer que muita coisa está em jogo. Por isso vamos embora.

— Não, Lou, por isso temos que ficar. As coisas com que você está preocupado, quaisquer que sejam, têm dado errado porque temos ignorado o que estamos começando a aprender aqui. Não vou embora, Lou.

— O.k., faça como quiser, Carol — ele disse, dispensando-a com um rápido movimento do pulso. — *Eu* vou embora, então.

Carol ficou em silêncio. A esperança adquirida de manhã estava agora evaporando. *Veja-o como uma pessoa, veja-o como uma pessoa,* repetiu interiormente. *Você tem que continuar vendo-o como uma pessoa.*

— Lou...

Ele parou e se voltou.

— Sim?

— Se você for embora, meu bem — ela disse —, eu o abandonarei.

Naquele momento, Carol se impressionou com o quanto amava aquele homem. Apesar da hostilidade do marido, não estava com raiva. Sua obstinação não apagava da sua memória as muitas coisas maravilhosas que ele fizera por ela e por outras pessoas. Não era um santo, com certeza, mas havia ocasiões — especialmente durante aqueles momentos privados que constituem a maior parte da vida — em que ele se preocupava, amava e agia como um santo. Ele era melhor em particular do que em público, ao contrário de muita gente que ela conhecia. *Sim,* ela pensou, *eu ficaria com ele outra vez, se tivéssemos a chance de começar tudo de novo.*

Por isso, ela ficou surpresa quando ouviu a si mesma repetindo:

— Eu o abandonarei, Lou. Estou falando sério.

Por um momento, Lou ficou em completo silêncio. Cada músculo de seu corpo se congelara, como que temendo a direção que o corpo pudesse tomar.

— Carol — enfim disse, quase suplicando —, você não pode estar falando sério.

Carol fez que sim com a cabeça.

— Sim, Lou, infelizmente estou. Entenda bem — ela continuou —, não quero deixá-lo. Mas vou.

Isso deixou Lou completamente desnorteado.

— Ouça, Lou, acho que precisamos disto. Acho que Cory precisa que façamos isto. E acho que precisamos disto para o nosso relacionamento. Você pode precisar disto para a Zagrum, também — ela acrescentou. — E para Kate.

Esta última menção a Kate surpreendeu Lou, trazendo-o de volta à sensação que tivera quando se conscientizara de que precisava ligar para ela, o que parecia anos atrás.

Seus ombros despencaram, e ele emitiu um grande suspiro.

— O.k., Carol — ele disse, desesperado. — Você venceu. Eu fico.

Após uma pausa, completou:

— Mas só até hoje à noite.

9 • *O início de uma idéia*

Lou mordiscou a comida mexicana trazida por Carol, enquanto o grupo voltava a se reunir na sala. O astral entre eles estava bem mais leve do que no princípio, quando estavam avaliando uns aos outros. E a tensão que pontilhara os diálogos durante boa parte da sessão da manhã parecia ter se dissipado. Gwyn estava concentrada numa conversa com Miguel e parecia estar gostando. Elizabeth e Carol estavam nos fundos da sala, lendo juntas um folheto de Camp Moriah.

Naquele momento, Pettis veio em direção a Lou.

— Então, Lou — ele disse, como se estivessem retomando uma conversa interrompida poucos minutos antes —, quatro anos no Vietnã.

Lou concordou com um movimento da cabeça.

— Tiro o chapéu para você, amigo. Estive lá, mas voar sobre a selva é diferente de estar lá embaixo. Sei disso.

Lou fez um gesto de reconhecimento. Em época de paz, os pilotos se julgam superiores aos soldados de infantaria no solo. Estes sentem um complexo de inferioridade também, embora nunca admitam. Durante a guerra, porém, a psicologia muda. Os pilotos nas alturas logo desenvolvem uma admiração profunda por seus colegas no solo. E os soldados no solo, embora gratos pela cobertura quando ouvem os aviões no alto, no fundo pensam que aqueles aviadores sortudos nunca sujam os uniformes nem se aproximam suficientemente do inimigo para conhecer a verdadeira bravura —

ou o medo. No Vietnã e em outras partes, os soldados de infantaria ficam com a parte do leão da admiração e do respeito dos colegas.

— Obrigado, Pettis. É bom encontrar um colega veterano. Diga — continuou —, o que você faz no Texas?

Uns cinco minutos depois, Avi e Yusuf entraram na sala, e todos, inclusive Lou e Pettis, tomaram seus assentos. Lou olhou para os pais de Jenny, que pareciam bem, o que o surpreendeu, dadas as circunstâncias.

— Bem-vindos de volta — Avi os saudou. — Antes de prosseguirmos, alguém tem alguma pergunta?

Lou levantou a mão:

— O que aconteceu com Jenny?

— Jenny está bem — Yusuf respondeu. — Como alguns de vocês devem saber, ela tentou fugir logo depois de começarmos nossa reunião esta manhã.

— Vocês a pegaram? — Lou quis saber.

— Na verdade, Lou, não estamos tentando pegá-la — Yusuf respondeu. — Este é um programa voluntário, e não forçamos ninguém a aderir. Mas faremos todo o possível para que ela permaneça segura. E para convencê-la a se juntar a nós.

Lou ficou perplexo.

— O que isso significa? — perguntou.

— Significa que dois de nossos funcionários estão com ela, tentando puxar conversa, e uma camionete com outros funcionários segue atrás, sem ser vista. Tudo dará certo. — Ele sorriu. — Alguma outra pergunta?

Lou voltou a levantar a mão.

— Toda essa distinção entre "ver as pessoas como pessoas ou vê-las como objetos" — ele disse, com um toque de desdém na voz —, de onde vem?

Avi foi o primeiro a falar:

— Ela vem de nossas pesquisas em filosofia — ele explicou. —

Talvez seja bom dar um pequeno panorama. — Olhou para Yusuf, que concordou com um movimento da cabeça. Avi se voltou de novo para o grupo.

— Fico em dúvida se devemos tratar de filosofia — disse, com um sorriso de desculpa. — Especialmente após o almoço. Mas vou aproveitar a chance, pelo menos por um ou dois minutos. Se vocês não quiserem saber de filosofia, tapem os ouvidos por um minuto. Vocês estão familiarizados com o filósofo René Descartes?

— Não é um mau filósofo... para um francês — Elizabeth observou. Suas mãos já não estavam mais entrelaçadas, e ela se reclinava confortavelmente na cadeira.

— Nada mau, realmente — Avi concordou sorridente. Voltando-se para os demais, continuou: — Descartes é o pai do chamado período moderno da filosofia, famoso até hoje pelo ponto de partida de sua ambiciosa teoria, com que esperava explicar toda a existência. Seu pressuposto fundamental foi a famosa frase: *Cogito ergo sum*. Ou: Penso, logo existo.

A familiaridade brilhou nos olhos da maioria na sala.

— Vocês notarão que existem grandes pressupostos no ponto de partida de Descartes — Avi continuou. — O maior de todos é o pressuposto da supremacia da consciência humana autônoma: o que Descartes denominou *eu*. Centenas de anos após Descartes, uma série de filósofos passou a questionar os argumentos filosóficos modernos que ele pôs em movimento, em particular este pressuposto individualista central que escorava a sua obra. Um desses filósofos foi Martin Heidegger. Se Heidegger tivesse sido contemporâneo de Descartes, poderia ter feito a pergunta: "René, diga de onde você adquiriu a linguagem que permitiu formular o pensamento 'Penso, logo existo'".

Avi olhou o grupo em volta para deixar aquela questão se acomodar em suas mentes.

— Claro — ele continuou — que Descartes adquiriu dos outros aquelas palavras e a capacidade de pensar com elas. O que significa que ele não as evocou de um eu autônomo, individualizado. Pensem no que isso significa para a sua teoria. Existe uma espécie de fato bruto que é, simplesmente, o fato de *estar no mundo com os outros*. Descartes foi capaz de postular que o eu autônomo é o mais fundamental apenas porque adquiriu a linguagem num mundo *com os outros*.

— Ah! — Elizabeth interrompeu. — Quer dizer que estar no mundo com os outros, e não a idéia de um eu autônomo, é o fundamental? É o que você está sugerindo?

— Exatamente — Avi concordou. — O pressuposto fundamental de Descartes é refutado pelas condições que lhe possibilitaram enunciá-lo, antes de mais nada. Assim, Heidegger, entre outros, com seu ataque ao individualismo, desviou o foco do mundo filosófico do eu autônomo para a idéia de estar com os outros.

Após breve pausa, prosseguiu:

— Um contemporâneo de Heidegger chamado Martin Buber concordou com ele: a forma de estar no mundo é o que há de mais fundamental na experiência humana. Ele observou que existem basicamente duas maneiras de estar no mundo: vendo os outros como pessoas ou vendo os outros como objetos. Ele chamou a primeira maneira de ser de Eu-Você e a segunda de Eu-Isso, e argumentou que estamos sempre, em cada momento, sendo Eu-Você ou Eu-Isso: vendo os outros como pessoas ou vendo os outros como objetos. Portanto, Lou — ele disse, virando-se para olhá-lo —, esse foi um modo longo de dizer que foi Martin Buber quem primeiro observou essas duas maneiras de ser básicas, ou ao menos as formulou nestes termos. — Olhando ao redor para o resto do grupo, ele disse: — O.k., podem destampar os ouvidos agora!

— Ou melhor, quase — Yusuf interveio com um sorriso. — Deixem-me acrescentar mais um pensamento. A observação de Buber levantou a questão de como passamos de ver os outros como pessoas para vê-los como objetos, e vice-versa. Mas essa é uma pergunta a que Buber nunca respondeu. Cabe a nós, agora, descobrir como mudar nossa maneira de ser. Se quisermos, é claro. Para nossos objetivos, a questão que Buber não abordou é a questão que precisamos responder. Estivemos sugerindo que o problema fundamental em nossos lares, nossos locais de trabalho e nossos campos de batalha é que nossos corações estão, muitas vezes, em guerra; ou seja, com freqüência insistimos em ver as pessoas como objetos. E vimos como um coração hostil atrai mais dessa "visão como objeto" e conflito. Para encontrar a paz, precisamos primeiro entender como nós e os outros abandonamos a paz e optamos pela guerra.

— Às vezes nós não optamos pela guerra — Lou interrompeu. — Pelo contrário, ela nos escolhe.

— Sim, Lou — Yusuf concordou —, às vezes podemos ser forçados a nos defender, você está totalmente certo. Mas isso é bem diferente de dizer que somos forçados a desprezar, a nos enfurecer, a denegrir, a subestimar. Ninguém pode forçar nosso coração a se tornar beligerante. Quando nossos corações entram em guerra, nós próprios escolhemos isso.

— Como? — Lou perguntou.

— É exatamente isso que exploraremos agora — Yusuf respondeu.

10 • *Opção pela guerra*

— Fui criado — Yusuf começou — numa aldeia de casas com paredes de pedra, nos morros a leste de Jerusalém. A aldeia, chamada Deir Yassin, abrigara minha família por pelo menos dois séculos. Mas tudo acabou na manhã de 9 de abril de 1948, no auge da luta entre árabes e judeus por causa da criação de Israel. Eu tinha apenas 5 anos na época. Lembro que fui acordado por gritos e tiros. Nossa aldeia estava sendo atacada por membros de um grupo militar clandestino dos judeus, como eu soube mais tarde. Meu pai me arrancou da cama, empurrando a mim e minhas duas irmãs para o quarto dele e de minha mãe. Apanhou então um rifle sob o colchão e, calçando as botas, saiu correndo de casa. "Fiquem aí dentro!", gritou para nós. "Não abram a porta para ninguém, ouviram? Até eu voltar, se Deus quiser." Aquelas foram as últimas palavras que ouvi meu pai dizer. Quando tudo acabou e deixamos a proteção de nossas paredes de pedra, corpos e fragmentos de corpos explodidos enchiam as ruas. Meu pai estava entre os mortos.

— Que horrível — Rita exclamou.

— Foi há muitos anos — Yusuf continuou. — Aqueles dias e os anos seguintes foram difíceis para mim e minha família, não posso negar. Mas não fomos os únicos a sofrer com a tragédia.

Elizabeth se manifestou:

— Eu ia dizer que tenho amigos judeus com histórias semelhantes para contar.

— Com certeza — Yusuf disse —, eu também tenho. Uma aldeia judaica chamada Kfar Etzion foi atacada por forças árabes mais ou menos na mesma época, por exemplo. A aldeia inteira foi massacrada; portanto, sequer posso dizer que meu destino foi pior que o deles. Ao contar minha história, não quis insinuar que os árabes foram os únicos a sofrer injustamente. Desculpe se pareceu assim. O pai de Avi, por exemplo, foi morto enquanto defendia seu país de um ataque árabe. Isso o feriu tanto quanto a morte de meu pai me feriu. Ao longo dos anos e dos séculos, a violência vem sendo lançada com ódio em todas as direções. Essa é a verdade trágica e sangrenta.

Lou ficou satisfeito ao ouvir Yusuf admitir francamente as atrocidades árabes, mas se sentiu perturbado mesmo assim. Teve a impressão de que Yusuf era rápido demais em igualar o sofrimento árabe e israelense, quando na cabeça de Lou a balança do sofrimento injustificado pendia claramente na direção israelense. Ele não tinha certeza, mas achou que encontraria em Elizabeth Wingfield uma aliada.

— Depois que meu pai morreu — Yusuf continuou —, minha mãe nos transferiu de uma aldeia para outra, até enfim acharmos refúgio na Jordânia, que então se chamava Transjordânia. Nós nos fixamos num campo de refugiados numa cidade chamada Zarqa, a noroeste da cidade de Amã. Quando a Jordânia anexou a Cisjordânia, após a Guerra de 1948, conhecida em Israel como a Guerra da Independência, minha mãe nos trouxe de volta à margem oeste do rio Jordão. Fomos morar na cidade de Belém, a poucos quilômetros de Deir Yassin. Ao rever agora o passado e me colocar no lugar de minha mãe, vejo quão corajosa ela foi em retornar para tão perto do local de sua tragédia pessoal. Anos mais tarde, ela me revelou que se sentiu compelida a retornar para o mais perto possível de suas raízes. Passamos a morar com sua irmã, minha tia Asima. A economia de Belém, antes do conflito, dependia em grande parte dos cristãos que peregrinavam ao local histórico do nascimento de Jesus. A guerra reduziu drasticamente o número de visitantes, de modo que os comerciantes ficaram sem clientes. Comecei a trabalhar como "menino de rua" aos 8 anos. Meu serviço era fazer os ocidentais sentirem pena de mim e, então, atraí-los às lojas do pessoal que me contratou. Num inglês macarrônico, comecei a interagir com o Ocidente. Quanto aos judeus, tinha pouca oportunidade ou desejo de interagir com eles. Os judeus tinham sido expulsos da Cisjordânia, depois da anexação pela Jordânia. Atravessar a fronteira por razões militares ou econômicas costumava acabar em tiroteio e vítimas. Eles eram nossos inimigos. Pelo menos, essa era a visão simplista mais difundida. A verdade era um pouco mais sutil. Sei porque trabalhava nas mesmas ruas que certo homem judeu, um cego que estava atrás das mesmas carteiras ocidentais, do mesmo dinheiro ocidental. O que me traz à história que quero contar a vocês. Passei a conhecer aquele homem, Mordechai Lavon, mantendo uma pequena distância. Costumávamos trabalhar nas ruas a poucos metros um do outro. Eu estava familiarizado com sua voz e ele com a minha, mas eu jamais lhe falara, embora ele tentasse puxar conversa. Um dia, ele tropeçou enquanto abordava um transeunte. Sua bolsa abriu ao atingir o chão, e as moedas se espalharam em todas as direções, na rua. Enquanto suas mãos tateavam em busca da bolsa e das moedas, um pensamento me ocorreu. Foi mais uma sensação do que devia ser feito, algo que eu soube imediatamente ser a coisa certa a fazer. Ou um desejo. Senti o desejo de ajudá-lo: primeiro ajudar a se erguer e depois a recuperar as moedas. Eu tinha uma opção, é claro. Eu poderia agir com base naquele impulso, ou poderia resistir a ele. O que vocês acham que eu fiz?

— Imagino que você ajudou — disse Carol.

— Não, ele não ajudou — Lou disse com um sorriso forçado. — Se tivesse ajudado, não estaria contando a história.

Yusuf sorriu:

— É verdade, Lou. Você está certo. Resisti ao sentimento de que tinha que ajudar Mordechai. Uma maneira mais forte de dizer isso é que traí aquele sentimento e agi contrariando o que sabia ser certo, naquele momento. Em vez de ajudar, dei meia-volta e me afastei. Enquanto me afastava — ele disse ao grupo —, que tipos de coisas vocês acham que eu poderia ter começado a dizer e pensar sobre Mordechai Lavon?

— Que ele não deveria estar ali — Gwyn respondeu. — Você e os demais vizinhos foram bondosos em deixá-lo permanecer. Afinal, ele era um dos inimigos, que acabaram com a paz de vocês. Uma ameaça sionista. Um fanático.

— Ora — Elizabeth começou a dizer, com voz irritada —, quem era o fanático?

— Não estou dizendo que Mordechai fosse um fanático — Gwyn respondeu.

— Nem eu — Elizabeth concordou.

— Já vi tudo — Gwyn disse. — Eu sou a fanática então. É o que você está dizendo?

— Não sei, estava só perguntando — Elizabeth respondeu friamente.

— Veja, Elizabeth, Mordechai pode ou não ter sido um fanático. Quem sabe? Só estou dizendo que Yusuf provavelmente o via desse jeito, e seu povo também. Só isso. Tem algum problema?

— Nenhum. Obrigada — Elizabeth disse, baixando o olhar para o colo e endireitando uma dobra na camisa.

— É isso aí. E agradeçamos aos britânicos por dividirem as terras de Mordechai e Yusuf para início de conversa. Com uma pequena ajuda dos franceses, é claro. Aquilo ajudou bastante.

O ar carregou-se de eletricidade. Lou inclinou-se à frente, para ver bem o que aconteceria a seguir.

Elizabeth nada disse, por um momento.

— A História certamente colocou em questão esses acontecimentos, não? — ela enfim disse, sem sinal de hostilidade na voz. — Desculpe por ter provocado você com a observação sobre o fanatismo, querida. Fui um pouco precipitada. Eu diria que agi como uma americana, mas aí me exporia demais, não é? — Sorriu discretamente.

— Não, não queremos ser americanas agora, queremos? — Gwyn sorriu.

— Deus me livre — Elizabeth observou.

— Por um momento, pensei que teria que colocar Lou entre vocês duas — Yusuf disse, provocando gargalhadas no grupo.

— Qual é a graça? — Lou perguntou friamente.

Em meio aos risos, Yusuf anotou: "Nenhum direito de estar ali", "Acabou com a minha paz", "Ameaça sionista" e "Fanático" para sintetizar como estava vendo Mordechai.

— Muito bem — Yusuf disse ao terminar de escrever. — Se eu estava começando a ver Mordechai da maneira que mencionei, como vocês acham que eu poderia estar começando a me ver?

— Como vítima — Pettis respondeu.

— E como melhor do que ele — Gwyn acrescentou.

— Sei lá — Carol se manifestou —, você pode ter ficado decepcionado consigo mesmo, por não ter sido bom o suficiente. No fundo, acho que você deve ter sentido que não era uma pessoa muito boa.

— Pode ser — Gwyn concordou —, mas não foi sua culpa, depois de tudo que aconteceu. Se ele agiu daquela maneira, foi devido a algo que outras pessoas fizeram contra ele.

— Não sei — Lou discordou. — Isso soa como uma desculpa esfarrapada.

— Veremos se é uma desculpa esfarrapada — Yusuf interveio. — Mas acho que o que Gwyn disse descreve aquilo em que eu acreditava na época.

— O.k. — Lou admitiu.

— O que mais? — Yusuf perguntou.

— Estou pensando em como você se afastou depois de ver as moedas — Pettis respondeu. — Por outro lado, consigo entender como um sentimento de vitimização faria você se afastar. Mas creio que pode ter havido outra motivação também.

— Diga — Yusuf pediu.

— Bem — Pettis respondeu —, estou pensando que, ao se afastar depressa, você estava se dando uma desculpa. Seu gesto pode ter resultado de uma necessidade de ser visto como uma pessoa boa.

— O que você quer dizer? — Lou perguntou. — Se ele se afastou, como isso o torna uma boa pessoa?

— Não torna — Pettis respondeu. — Mas fica mais fácil *alegar* que é. Se ele não precisasse ser visto como bom, poderia ter permanecido e observado a angústia de Mordechai. Mas, ao se afastar logo para parecer que não viu a situação, preservou sua reputação, sua alegação de bondade.

Yusuf sorriu:

— Eis uma observação realmente interessante, Pettis — disse Yusuf, acrescentando "Quer ser bem visto" à lista que estava formando no quadro. — Então — ele disse, ao se virar de novo para o grupo —, ao ver aquele homem e a mim mesmo da forma que discutimos, como vocês acham que eu possa ter visto as circunstâncias em que me achava?

— Como injustas — Gwyn respondeu.

Yusuf começou a escrever aquilo no quadro.

— E opressivas — disse Pettis. — Diante de tudo que você sofreu, posso imaginar que você se sentia revoltado ou deprimido.

— Sim — Elizabeth concordou. — Na verdade, você pode ter sentido que o mundo inteiro conspirava contra você: contra sua felicidade, contra sua segurança, contra seu bem-estar.

— Excelente. Obrigado — Yusuf disse ao terminar de escrever. — Agora gostaria de aprofundar algo que Pettis acabou de dizer: que eu posso ter me sentido revoltado ou deprimido. Vocês conseguem imaginar outros sentimentos meus?

— Você pode ter se sentido amargurado — Gwyn respondeu.

— O.k., excelente — Yusuf disse, acrescentando "Amargurado" a "Revoltado" e "Deprimido" no diagrama. — Mas, se vocês me perguntassem por que eu me sentia daquela maneira, qual resposta acham que eu daria?

— Que não era culpa sua — Pettis respondeu. — Você diria que os israelenses eram culpados: que você se sentia daquele jeito devido ao que eles tinham feito a você e a seu povo.

— Sim, Pettis, acho que é isso que eu teria dito — Yusuf concordou. — Ou seja, eu me sentia justificado em minha revolta, depressão e amargura. E em minha visão intolerante de Mordechai. Qualquer que fosse meu sentimento ou reação, eu me sentia justificado em sentir e reagir daquela maneira. Certo?

Naquele ponto, acrescentou a palavra "Justificado" ao diagrama.

— Isto é o que toda a minha experiência estava me dizendo — observou, apontando para o quadro. — Que não fiz nada de errado, e que a culpa era dos outros. Esta era a minha crença, não era?

Visão de Mim Próprio	**Visão de Mordechai**
Melhor que o outro Uma vítima (por obrigação) Mau (foi levado a isso) Quer ser bem visto	Nenhum direito de estar ali Acabou com a minha paz Ameaça sionista Fanático
Sentimentos Revoltado Deprimido Amargurado Justificado	**Visão do Mundo** Injusto Opressivo Contra mim

— Sim — Pettis respondeu, expressando a visão predominante na sala. — Esta era a sua crença.

— Que eu não era responsável pelo que estava vendo e sentindo? — Yusuf prosseguiu.

— Sim.

— Mas será verdade? — Yusuf perguntou. — Fui realmente levado por forças externas a ver e sentir segundo a minha crença como está neste quadrado? Ou optei por ver e sentir daquele modo?

— Você está sugerindo que, na verdade, *escolheu* estar revoltado, deprimido e amargurado? — Gwyn perguntou, incrédula.

— Estou sugerindo que eu estava fazendo uma opção, que resultou nos meus sentimentos de revolta, depressão e amargura. Uma opção que foi só minha: não de Mordechai nem dos israelenses.

Yusuf olhou para os rostos perplexos na sala.

— Talvez seja bom — ele disse — pôr o diagrama no contexto.

Acrescentou então o seguinte:

O DIAGRAMA DA OPÇÃO

Percepção/Impulso

Ajudar Mordechai apanhando as moedas para ele.

OPÇÃO

Honrar a percepção — Trair a percepção

Visão de Mim Próprio	**Visão de Mordechai**
Melhor que o outro Uma vítima (por obrigação) Mau (foi levado a isso) Quer ser bem visto	Nenhum direito de estar ali Acabou com a minha paz Ameaça sionista Fanático
Sentimentos	**Visão do Mundo**
Revoltado Deprimido Amargurado Justificado	Injusto Opressivo Contra mim

— Como vocês se lembram — ele começou —, eis exatamente o que aconteceu: tive uma percepção ou impulso de ajudar Mordechai naquele momento. Foi minha percepção, meu impulso. Eu sabia que era a coisa certa a fazer. Mas isso gerou uma opção: eu poderia honrar o meu impulso de ajudar ou traí-lo e optar por não ajudar. O que significa que nem sempre fazemos o que sabemos ser a coisa certa, concordam?

O grupo pareceu em dúvida.

— Por exemplo — Yusuf continuou —, nem sempre pedimos desculpas quando sabemos que deveríamos, certo?

Lou pensou nas desculpas que ainda devia a Kate.

— Quando um cônjuge ou filho ou vizinho está lutando com algo em que poderíamos facilmente ajudar, nem sempre oferecemos essa ajuda. Às vezes, ficamos sentados na poltrona vendo televisão, por exemplo, em vez de levantar e ajudar a pessoa que está se esforçando para limpar a cozinha.

Lou não era de ver televisão, mas sabia que tinha lavado bem menos louça, durante a vida de casado, do que Carol. Ele sentira que deveria lavar? Escolhera não lavar? Não tinha certeza.

— Às vezes, ocultamos informações que sabemos que deveríamos divulgar aos outros — Yusuf continuou. — No trabalho, por exemplo, quando sabemos que certa informação ajudaria um colega, às vezes não a conservamos para nós?

A maioria no grupo fez que sim com a cabeça, refletindo sobre aquelas palavras, inclusive Lou, que conhecia bem o cenário.

— Às vezes fazemos o que sabemos ser a coisa certa no momento — Yusuf disse com indiferença — e outras vezes não fazemos. É uma declaração óbvia, é claro, mas revela a presença de uma opção, certo?

De novo, as cabeças na sala fizeram um movimento de aprovação.

— Quando opto por agir contra a minha própria percepção do que é apropriado — Yusuf continuou —, cometo o que em Camp Moriah denominamos um ato de autotraição. Uma traição de minha própria percepção da forma correta de agir, num dado momento: não a percepção ou padrão de outra pessoa, mas o que eu próprio sinto ser certo no momento. Atos de autotraição como aqueles que mencionei são tão comuns que chegam a ser banais. Mas, ao cavarmos um pouco mais fundo, descobrimos algo fascinante na autotraição.

Olhou para o grupo em volta.

— Uma opção de trair a mim mesmo — ele disse — é uma opção de entrar em guerra.

11 • *Necessidade de guerra*

— Como uma opção de trair a si mesmo é uma opção de entrar em guerra? — Lou perguntou, perplexo com a afirmação.

— Porque, quando traio a mim mesmo — Yusuf respondeu —, crio dentro de mim uma necessidade nova: uma necessidade que me faz ver os outros de forma acusadora, uma necessidade que faz com que me preocupe com mais que a verdade e as soluções, uma necessidade que induz os outros a responderem fazendo o mesmo.

— Que necessidade é essa? — Pettis perguntou.

Yusuf voltou ao diagrama da opção:

— No princípio, quando senti o impulso de ajudar Mordechai, como vocês acham que eu o via? Ele era uma pessoa ou um objeto para mim?

O grupo murmurou em uníssono:

— Era uma pessoa.

— E aqui, no final, quando eu estava nesse quadrado: ele continuava uma pessoa para mim?

Olharam para o diagrama. Pettis se manifestou:

— Não, você o tinha desumanizado. Ele se tornou quase uma caricatura.

— Portanto, o que ele era para mim naquela altura: uma pessoa ou um objeto?

— Um objeto — Pettis respondeu.

— O que dá origem a qual necessidade? — Yusuf perguntou.

Pettis e os outros ficaram intrigados com a pergunta.

— Não sei direito o que você quer dizer — respondeu.

— Ao final dessa história, quando via Mordechai como um objeto, eu tinha necessidade de algo, algo de que não necessitava no início da história, quando o via como uma pessoa. De que eu precisava agora?

O grupo continuou em silêncio.

— Olhem para o diagrama — Yusuf propôs. — A resposta está no diagrama.

Após um momento, ele disse.

— Talvez uma analogia possa ajudar. Meu pai era carpinteiro. Quando eu tinha 4 ou 5 anos, lembro que fui com ele para um serviço em que estava ajudando a reconstruir uma casa. Lembro em particular de uma parede na cozinha da casa. A parede estava torta. Eu me lembro disso por causa de algo que meu pai me ensinou: "Aqui, Yusuf", ele disse em árabe, "precisamos justificar essa parede." "Justificar, pai?", perguntei. "Sim, filho. Quando algo está torto e precisa ser acertado, dizemos que deve ser justificado, que é o mesmo que alinhado."

Dito isso, Yusuf olhou para o grupo à sua volta.

— Com a analogia dessa história — ele disse —, olhem de novo o diagrama.

A voz baixa de Carol deu uma resposta imediata.

— Você precisava se justificar na história — ela disse. — Essa é a necessidade de que está falando, certo?

— Sim, Carol — Yusuf sorriu —, acertou. E eu tinha necessidade de me justificar quando queria ajudar Mordechai?

— Não.

— Por que não?

— Porque você não estava agindo errado naquele momento.

— Exatamente — Yusuf concordou, enfatizando, contente, aquela palavra. — Todos perceberam? — perguntou ao grupo.

Por toda a sala, cabeças balançaram em sinal de concordância, mas com pouca convicção para o gosto de Yusuf.

— Sejamos bem claros quanto a isto — ele disse. — O que estava "torto" quando voltei as costas a Mordechai que não estava "torto" antes?

— Sua visão dele — Carol respondeu.

— Sim — Yusuf concordou. — E o que estava "torto" naquela visão dele?

— Você já não o via como uma pessoa — Pettis respondeu. — Ele não importava mais. Ao menos não como você importava.

— Exatamente. Na verdade, precisamente *porque* eu o via como uma pessoa no início da história quis ajudá-lo. Mas, no momento em que comecei a violar o apelo básico de sua humanidade sobre mim, criei dentro de mim uma necessidade nova, uma necessidade que não existia no momento anterior: eu precisava me justificar por violar a verdade que eu conhecia naquele momento: que ele era tão humano e legítimo quanto eu. Tendo violado essa verdade, toda a minha percepção se voltou para minha justificação. Pensem nisso. Quando acham que os defeitos pessoais de Mordechai, quaisquer que fossem, pareceram maiores para mim: antes que eu traísse minha vontade de ajudá-lo ou depois?

— Depois — o grupo respondeu.

— E quando vocês acham que o grupo em que incluí Mordechai, os israelenses, pareceu pior para mim? No momento em que tive o impulso de ajudar Mordechai, ou depois que deixei de ajudá-lo?

— Depois — o grupo repetiu.

— Portanto, observem — Yusuf continuou. — Quando traio a mim mesmo, os defeitos dos outros imediatamente aumentam no meu coração e na minha mente. Começo a satanizar os outros, torná-los piores do que realmente são. E faço isso porque, quanto piores, mais me sinto justificado. Um homem necessitado na rua subitamente representa uma ameaça à minha própria paz e liberdade. Uma pessoa a ser ajudada torna-se um objeto de acusação.

Dito isso, Yusuf virou-se para o quadro e acrescentou algumas observações ao diagrama. Quando estava terminando, Gwyn perguntou:

— Mas e se Mordechai fosse realmente o problema? Se, em vez de um cego bonzinho, fosse um sujeito totalmente racista? Se concordasse plenamente com as pessoas que expulsaram sua família do lar? Você não estaria justificado nesse caso?

— Que necessidade teria de me justificar se não tivesse cometido nenhum erro? — Yusuf perguntou, voltando-se para o grupo.

Gwyn ficou claramente frustrada com aquela resposta.

— Sinto muito, Yusuf — ela disse —, mas não sei se posso aceitar isto. Parece que você está dando um salvo-conduto a gente ruim.

Os olhos de Yusuf se abrandaram ante esse comentário.

— Reconheço que você está enfrentando essa questão seriamente, Gwyn — ele disse. — Gostaria de saber se você estaria disposta a enfrentar outra questão com a mesma seriedade.

— Talvez — ela respondeu, pensativa.

Yusuf sorriu. Ele reconhecia aqueles que ouviam com uma dose saudável de ceticismo cauteloso.

— Você está preocupada porque posso estar dando a Mordechai um salvo-conduto, por não responsabilizá-lo pelos erros que ele ou seu clã cometeram. Certo?

Gwyn concordou com um movimento da cabeça.

— Existe uma pergunta que aprendi a fazer a mim mesmo, Gwyn, quando me sinto incomodado com os outros: estou me mantendo no mesmo padrão que exijo deles? Em outras palavras, sou tão vigilante em exigir a erradicação de meu próprio fanatismo como quando exijo a erradicação do fanatismo deles?

Fez uma breve pausa, para que aquelas palavras fossem assimiladas.

— Se não estiver, estarei vivendo numa espécie de névoa que obscurece a realidade à minha volta e dentro de mim. Como um piloto em meio a uma massa de nuvens, cujos sentidos estão informando o contrário do que seu painel de instrumentos está dizendo, meus sentidos estarão sistematicamente mentindo para mim: sobre mim mesmo, sobre os outros e sobre minhas circunstâncias.

Concentrando-se claramente em Gwyn, acrescentou:

— Meus Mordechais podem não ser tão preconceituosos como imagino.

— Os seus podem não ser — Gwyn desafiou. — Eu não saberia. Mas os meus são.

Yusuf olhou, pensativo, para Gwyn:

— Você pode estar certa — ele disse, com um toque de resignação em sua voz. — Seus Mordechais podem ser preconceituosos. Algumas pessoas são, afinal de contas. Você pode ter sofrido horrores nas mãos dos outros. Todos vocês que são pais, por exemplo — ele disse, olhando em volta—, foram sem dúvida tratados de forma terrível, às vezes, com injustiça e ingratidão. Certo?

Cabeças se moveram em concordância.

— E vocês podem ter sido coagidos no trabalho também: culpados, negligenciados, desvalorizados. Ou talvez tenham sido maltratados pela sociedade em geral. Talvez pertençam a uma religião que seja objeto de preconceito, ou a um grupo étnico que é sistematicamente privado de seus direitos, ou a uma classe ignorada ou desprezada. Conheço algo sobre cada um desses abusos. Sei a sensação que eles dão, e como são terríveis. Posso dizer por experiência própria que existem poucas coisas tão dolorosas como o desprezo dos outros.

— Certo — Gwyn prontamente concordou. Outros anuíram com a cabeça, igualmente.

— Poucas coisas, exceto uma — Yusuf continuou. — Por mais doloroso que seja ser desprezado pelos outros, mais aflitivo ainda é estar cheio de desprezo pelos demais. Também sobre isso falo com base na minha experiência dolorosa. Meu próprio desprezo pelos outros é a mais debilitante das dores, pois quando ele me domina, quando enxergo com ressentimento e desdém, eu me condeno a viver num mundo de ressentimento. O que me traz de volta a Mordechai — ele disse. — Vocês diriam que eu estava cheio de ressentimento ou desprezo quando tive vontade de ajudá-lo?

O grupo olhou de volta para o diagrama.

O DIAGRAMA DA OPÇÃO

Percepção/Impulso

Ajudar Mordechai apanhando as moedas para ele.

(Estou vendo Mordechai como uma PESSOA, com necessidades, interesses, preocupações e temores que importam, como os meus)

Meu Coração Está em Paz

OPÇÃO

Honrar a percepção	Trair a percepção
↓	↓
Continuo vendo que Mordechai é uma pessoa como eu	Começo a ver Mordechai de maneiras que justificam minha autotraição. Ele se torna um OBJETO de acusação **Meu Coração Entra em Guerra**

Visão de Mim Próprio	Visão de Mordechai
Melhor que o outro Uma vítima (por obrigação) Mau (foi levado a isso) Quer ser bem visto	Nenhum direito de estar ali Acabou com a minha paz Ameaça sionista Fanático
Sentimentos	**Visão do Mundo**
Revoltado Deprimido Amargurado Justificado	Injusto Opressivo Contra mim

— Não — Rita respondeu, seguida pelos outros.

— Mas e no final da história — Yusuf perguntou —, quando eu estava neste quadrado de baixo, vendo-o como um fanático e uma ameaça sionista? Eu me sentia ressentido, então?

O grupo olhou para os sentimentos listados no quadrado: revoltado, deprimido, amargurado, justificado.

— Sim — todos concordaram.

— Então por que me sentia assim? — Yusuf perguntou. — Eu já tinha tido a minha dose de sofrimento. Teria sido ela a causa de minha amargura, minha raiva, meu ressentimento e meu desprezo?

— Provavelmente — Gwyn respondeu.

— Olhem para o diagrama de novo — Yusuf pediu.

— Não — Pettis respondeu —, seus sofrimentos não causaram seus sentimentos.

— Por que você acha isso? — Yusuf perguntou.

— Porque você já tinha passado pelos sofrimentos no início dessa história. Mas aqueles sofrimentos não o impediram de ver Mordechai como uma pessoa quando sentiu o desejo de ajudar a catar as moedas.

— Exatamente — Yusuf disse. — Portanto, qual a única coisa que aconteceu entre o momento do início dessa história, quando eu não me sentia revoltado e amargurado, e o momento no final, quando me sentia assim? Qual a única coisa que aconteceu entre o momento em que vi Mordechai como uma pessoa e o momento em que o vi como um objeto?

— Sua opção por trair a si próprio — Pettis respondeu.

— Então qual foi a causa da minha revolta, minha amargura, meu ressentimento, meu desprezo, minha falta de paz? Foi Mordechai e seu povo? Ou fui eu?

— Bem, o diagrama diz que foi você — Lou respondeu.

— Mas você não está convencido.

— Não, não totalmente — Lou disse. — Veja, você não pode ter simplesmente tido um lapso de memória quando as moedas caíram da bolsa de Mordechai? Acho que foi isso que provavelmente aconteceu. Aí, um momento depois, você voltou à realidade e lembrou todo o sofrimento que viveu nas mãos dos israelenses. Sua amargura não começou naquele momento. Você já sentia antes. E pode ter sentido, como disse Gwyn, devido ao que os israelenses fizeram com você e sua família.

— O quê, você agora está do meu lado? — Gwyn perguntou, brincando.

— Eu sei. Isso me preocupa também — Lou respondeu com um sorriso forçado.

Yusuf sorriu:

— Essa é uma boa pergunta, Lou. Você está certo, é claro, quando diz que aquela não foi a primeira vez que senti revolta e amargura em relação aos israelenses. E está certo também quando conclui que a morte do meu pai e os sofrimentos causados à minha família certamente desempenharam um papel. Mas creio que desempenharam um papel diferente daquele que você está sugerindo. Você parece estar dizendo que acabei sentindo o que senti em relação a Mordechai devido ao que seu povo fez comigo e minha família. Em outras palavras, os sofrimentos passados *causaram* os sentimentos posteriores em relação a Mordechai. É isso que você está dizendo?

— É o que eu estava imaginando. Sim.

— E estou propondo algo inteiramente diferente — Yusuf respondeu. — Estou afirmando que meus sentimentos em relação a Mordechai não foram causados por algo que os outros fizeram comigo, mas por algo que eu estava fazendo com Mordechai. Eles foram o resultado de uma opção que eu estava fazendo em relação a Mordechai. Portanto, como avaliar estas teorias tão diferentes? — Olhou para o grupo ao redor.

— Não sei como avaliá-las — Elizabeth observou —, mas a teoria de Lou leva a um resultado bem deprimente.

— Qual resultado? — Yusuf quis saber.

— Que somos todos simplesmente vítimas, impotentes em face das dificuldades, condenados à amargura e à revolta.

— Não estou dizendo isso — Lou discordou.

— Acho que está — Elizabeth retrucou. — Você disse que o único motivo por que Yusuf não estava amargurado no início da história foi porque simplesmente não estava pensando nos seus sofrimentos por um momento. Lembrá-los fez com que voltasse a se sentir amargurado e revoltado. Se isso não torna você impotente diante do sofrimento, não sei o que torna.

Lou teve de admitir que isso tinha lógica. Ele também não acreditava naquele tipo de complexo de vítima impotente. Conhecia um número suficiente de grandes almas que haviam sofrido maus-tratos terríveis sem se tornar amarguradas, daí ele não acreditar que os maus-tratos nos deixam sem opções. *Mas exercem um impacto, não exercem?*, refletiu consigo mesmo, pensando em Cory.

— Excelente lógica — Yusuf concordou. — Gostaria de desenvolver sua idéia, se você deixar.

— Claro.

Yusuf olhou para o grupo em volta.

— Não ter a lembrança em primeiro plano na mente é diferente de ter esquecido. Posso assegurar a vocês que, em momento algum de minha vida, desde a morte do meu pai, deixei de lembrar que ele morreu e como morreu. Mas Lou tem razão quando diz que o nível e a natureza do meu foco variam de um momento para o outro. Lou concluiu que esse fato permitiu que eu visse Mordechai de forma diferente, no momento em que senti vontade de ajudá-lo. Na verdade, porém, pela teoria de Lou ocorre exatamente o inverso. Eu não vi Mordechai como uma pessoa porque não estava pensando nos meus sofrimentos. Pelo contrário, eu não estava pensando nos meus sofrimentos porque estava vendo Mordechai como uma pessoa. Precisei pensar nos meus sofrimentos somente quando precisei me justificar por tratar mal Mordechai. Meus sofrimentos serviram de desculpa, naquela altura. Quando não precisava de uma desculpa, eu tinha a liberdade de não pensar neles.

— Quer dizer que uma mulher vítima de maus-tratos é culpada por odiar seu algoz? — Gwyn zombou. — Desculpe, mas não posso aceitar.

Yusuf fez uma pausa e respirou fundo.

— Eu também não poderia aceitar, Gwyn — ele disse. — Se alguém sofre maus-tratos, meu coração sofre por essa pessoa. Que carga cruel tem que carregar. Se conheço essa pessoa, e ela está cheia de raiva, devo me surpreender? Claro que não. Sob tais circunstâncias, penso, quem não estaria? Diante desta questão, porém, encontro grande esperança em relatos como os que ouvimos diariamente aqui em Camp Moriah. Essas histórias mostram ser possível reencontrar a paz, mesmo que grande parte da minha vida tenha sido uma guerra. Embora nada possa fazer no presente para remover os maus-tratos do passado, minha atitude no presente determina como transportarei as lembranças daqueles maus-tratos. Mas nada disso é possível — ele continuou — se meu coração estiver em guerra. Um coração em guerra necessita de inimigos para justificar sua guerra. Necessita de inimigos e maus-tratos, mais do que deseja a paz.

— Horrível — Rita disse baixinho.

— Horrível mesmo — Yusuf concordou. — Não se engane. As guerras externas à nossa volta começaram devido a uma guerra interna que passou despercebida: alguém começou a ver os outros como objetos, e os outros usaram essa justificativa para fazer o mesmo. Esse é o germe da guerra. Quando portamos esse germe, somos guerras esperando estourar.

— Como podemos evitar isso? — Carol perguntou.

— Para início de conversa — Yusuf respondeu —, precisamos entender como procuramos nos justificar.

— A justificação possui alguns sinais reveladores — Yusuf começou. — Já mencionei alguns: como começamos a satanizar os outros, por exemplo. Na verdade, esse sinal constitui um subconjunto de toda uma categoria de sinais, que podemos considerar exageros. Quando nossos corações estão em guerra, tendemos a exagerar os erros dos outros. Tendemos também a exagerar as diferenças entre nós e aqueles que estamos culpando. Vemos poucas coisas em comum com eles, quando na realidade somos semelhantes em muitos aspectos, se não na maioria. Também exageramos a importância de tudo que venha a nos justificar. A autotraição corrompe tudo: mesmo o valor que damos às coisas. Vejamos — ele continuou —, quando, no caso de Mordechai, comecei a dedicar minha energia a culpar os outros? Antes de me trair ou depois?

O grupo olhou para o quadro.

— Depois — Pettis respondeu primeiro.

— E quando comecei a me sentir como uma vítima?

— Depois que você se traiu — Ria disse.

— E quando fui dominado pela questão de quem está certo e quem está errado? Depois que me traí ou antes?

— Depois.

— Estão notando um padrão? — Yusuf perguntou. — Ao nos trairmos, desenvolvemos estilos próprios de autojustificação. Uma pessoa, por exemplo, pode se considerar melhor que os outros: se me julgo superior, posso desculpar uma série de pecados. Outro pode encontrar justificação na sensação de que não está conseguindo aquilo que merece. Afinal, se os outros não me dão o que deveriam, não é minha culpa se os acuso ou trato mal. E assim por diante. Existem inúmeras maneiras de se sentir justificado, mas gostaria de apresentar quatro estilos comuns de justificação. Cada um de nós manifesta todos esses estilos em algum grau, mas podemos descobrir que uns são mais fortes que outros em nós. Minha esperança é que, ao apontar esses estilos, possamos nos ver de forma mais clara e perceber como nossos corações estão em guerra.

Yusuf passou a explicar o primeiro dos quatro estilos:

— Vocês o reconhecerão imediatamente na história de Mordechai. É o que chamamos de caixa da superioridade. Ele não permite que vejamos os outros como pessoas porque temos de vê-los preconceituosamente, como inferiores a nós: menos habilidosos, talvez, ou menos importantes, menos instruídos, menos virtuosos. Mas sempre inferiores e, portanto, sempre objetos.

Após dizer isso, Yusuf desenhou este diagrama:

A CAIXA DA SUPERIORIDADE

Visão de Mim Próprio	**Visão dos Outros**
Superior Importante Virtuoso/Certo	Inferiores Incapazes/Irrelevantes Falsos/Errados
Sentimentos	**Visão do Mundo**
Impaciente Desdenhoso Indiferente	Competitivo Agitado Precisa de mim

— Tenho uma pergunta — Pettis disse, quando Yusuf completou os quadrantes da caixa.

— Diga.

— E se alguém realmente é menos talentoso em algo, por exemplo, se eu realmente sou melhor naquela área? Você está sugerindo que reconhecer esse fato é um ato de autojustificação?

— Não necessariamente — Yusuf respondeu. — Posso observar as forças e fraquezas relativas das pessoas quando as vejo como tal. O que é diferente quando estou nessa caixa, porém, é que me sinto superior aos outros, ou melhor do que eles, *por causa* dessas forças ou fraquezas. Utilizo-as para avaliar o meu valor relativo e o dos outros. Assim, estou fazendo mais do que simplesmente observar diferenças. Estou fazendo julgamentos sobre o valor das pessoas baseado nessas diferenças.

— Tenho uma reflexão a respeito — Elizabeth se manifestou —, já que me enquadrei nessa caixa desde que começamos esta manhã.

— Verdade? — Yusuf disse. — Como assim?

— Fiquei contrariada com minha irmã por não se esforçar para estar aqui pelo seu filho. Alguém tinha que vir, e eu vim no lugar dela. Uma combinação de fatos perigosa para alguém que tende a se sentir superior, não é? — ela disse, soprando os cabelos caídos sobre os olhos, simulando exasperação. — Como você escreveu na área dos sentimentos da caixa, tenho sentido impaciência por estar aqui, estou cheia de desdém por minha irmã e por seu marido por não ganharem mais dinheiro, por não darem prioridade à parte financeira. Tudo que vejo é como a família é problemática, como minha irmã sempre fez opções erradas, como eles desapontam seus filhos, e assim por diante.

Elizabeth fez uma pausa.

— Estive aqui pensando, e eis o que me ocorreu: continuo achando que ela devia ter se esforçado para vir. Acho que tenho razão nisto. Mas não consegui me limitar a simplesmente observar o problema. Fiquei obcecada com ele. Estou chafurdando em pensamentos e sentimentos improdutivos. Acho que me tornei uma sabichona insuportável — ela murmurou.

— Nesse caso — Yusuf disse —, é uma característica que você compartilha com muitos de nós. Por exemplo, eu me justifiquei assim em relação a Mordechai, não foi?

A maioria na sala concordou com um aceno de cabeça, mas Elizabeth continuava imersa em pensamentos.

— Vejamos um segundo estilo de justificação comum — ele disse, dirigindo-se para o quadro. — É denominado a caixa do merecimento. — Aliás — acrescentou, ao começar a escrever —, as pessoas que costumam se julgar superiores geralmente se sentem merecedoras de um monte de coisas. Assim, esses dois estilos de justificação costumam vir juntos.

A CAIXA DO MERECIMENTO

Visão de Mim Próprio	**Visão dos Outros**
Meritório Maltratado/Vítima Não reconhecido	Equivocados Algozes Ingratos
Sentimentos	**Visão do Mundo**
Merecedor Destituído Ressentido	Injusta Em dívida comigo

Quando Yusuf terminou de escrever, disse:

— Quando estou nesse tipo de caixa, costumo me sentir maltratado, vitimizado, ressentido, etc. Tive algum desses pensamentos e sentimentos no caso de Mordechai?

— Sim — o grupo respondeu.

— Acho que vocês têm razão — Yusuf concordou. — Se eu tivesse percebido como tais pensamentos e sentimentos pretendiam me dar justificação, teria sido capaz de reconhecer que algo estava errado na minha maneira de ser. Poderia ter voltado a ver Mordechai meramente como ele era: como uma pessoa. Mas é claro que não reconheci meu erro e continuei vendo Mordechai como um objeto, por muitos anos. E também a maioria dos outros Mordechais com quem topei — acrescentou. — O que significa que eu estava me sentindo justificado de acordo com as caixas da superioridade e do merecimento no caso de Mordechai. Quando vejo os outros distorcidamente, encontrarei a justificação da maneira que conseguir: seja me vendo como melhor, seja como merecedor, ou ambas as coisas.

Yusuf continuou:

— Vejam bem. Quanto mais seguro estou de minha certeza, maior a chance de que esteja equivocado. Minha necessidade de estar certo torna mais provável que eu esteja errado! Quanto maior for a minha certeza de que sou maltratado, menos enxergarei que eu próprio estou maltratando os outros. Minha necessidade de justificação obscurece a verdade.

— Interessante — Pettis interveio, enquanto refletia sobre aquelas idéias.

— Na verdade — Yusuf continuou —, quando deixo as pessoas continuarem a se prejudicar e a prejudicar os outros sem fazer nenhum esforço para ajudá-las a mudar, raramente é porque as vejo como pessoas. Geralmente é porque estou sendo motivado por outro tipo de autojustificação, que muitas vezes faz as pessoas serem fracas e se sentirem justificadas por sua fraqueza.

— Estou muito interessado em saber sobre isto — Lou disse.

— Achei que você estaria — Yusuf sorriu.

— Na verdade — Yusuf continuou —, Avi contará a vocês que seu estilo de justificação mais comum faz com que aja com fraqueza.

O grupo olhou para Avi.

— É verdade — Avi confirmou, anuindo com a cabeça. — Posso dizer alguns pensamentos a respeito? — pediu a Yusuf.

— Claro.

— Quando achamos justificação na fraqueza — Avi começou — geralmente é porque estamos manifestando um terceiro tipo básico de justificação, que chamamos de caixa da imagem. Algo assim:

A CAIXA DA IMAGEM

Visão de Mim Próprio	**Visão dos Outros**
Necessidade de ser bem-visto Fraude	Crítica Ameaçadores Meu público
Sentimentos	**Visão do Mundo**
Ansioso / Com medo Necessitado / Tenso Esmagado	Perigoso Observador Está me julgando

— Quando trago comigo essa espécie de caixa de justificação — Avi disse, ao terminar o diagrama — posso estar preocupado em ser visto como agradável, por exemplo. Tal caixa me impedirá de fazer a coisa certa e útil, quando for algo de que a outra pessoa não goste. Vou dar um exemplo. No início de nosso trabalho aqui em Camp Moriah, contratei um homem chamado Jack como nosso diretor de campo, a pessoa que cuida da trilha com os jovens. Não levei muito tempo para descobrir que cometera um erro. Ele tinha um temperamento ruim e vivia culpando os outros pelos problemas. Carregava uma caixa da superioridade que tornava todos os colegas inferiores. Como resultado, não aceitava críticas, jogava a culpa das falhas nos outros e tratava os colegas de trabalho com indiferença e desdém. Vivia criando problemas. Vi o que estava acontecendo e sabia que, para ter sucesso aqui, ele simplesmente teria que mudar sua maneira de trabalhar e de gerenciar. Mas sabem de uma coisa? Nunca falei nada a respeito com ele. Ele tinha uma personalidade bem volátil, e tive medo de confrontá-lo com o problema. Portanto, nada fiz. Pelo contrário, fiquei esperando que ele mudasse ou decidisse arrumar outro emprego.

— É disso que estou falando — Lou interrompeu. — É isso exatamente que me preocupa sobre o que vocês estão dizendo aqui: ficar paralisado pela fraqueza.

— Mas eu estava vendo Jack como uma pessoa nessa história, Lou?

Lou pensou por um segundo. Queria dizer que sim, mas subitamente começou a entender o argumento de Yusuf e Avi.

— Se ele tivesse sido uma pessoa para mim, eu me importaria com ele e ia querer ajudá-lo a ter sucesso, não acha? — Avi disse.

Lou não respondeu nada. Viu que estava do lado perdedor dessa vez.

— Concordo, Lou, que minha fraqueza aqui como administrador foi um problema, mas eu diria que neste caso fui fraco precisamente porque vi Jack como um objeto, não por tê-lo visto como uma pessoa. Desenvolvi uma caixa da imagem para ser agradável, ou talvez para não ter problemas, ignorando assim totalmente o que seria melhor para Jack ou Camp Moriah. Como Yusuf mencionou um momento atrás, esse tipo de justificação — a caixa da imagem — muitas vezes induz à fraqueza.

Embora não concordasse totalmente, Lou assentiu ligeiramente com a cabeça.

Com toda essa discussão sobre caixas de justificação, Lou de repente notou uma sensação quase totalmente estranha a ele, que não sentia fazia muito tempo: pôs-se a sentir um calor irritante, como se alguém tivesse subitamente aumentado o termostato. Aí sentiu as orelhas ficarem vermelhas e as bochechas se ruborizarem. E soube que estava embaraçado! E sentiu-se embaraçado por estar embaraçado, e seu rosto ruborizou-se ainda mais.

Olhou o diagrama da caixa da superioridade: superior, importante, virtuoso, certo, impaciente, desdenhoso, indiferente; os outros são inferiores, incapazes, errados, etc.

Sentiu-se contra a parede.

Então sua mente retrocedeu à conversa com Cory, no avião: "Você deve achar que agi mal com você, pai", Cory tinha dito. "Você está contrariado até por estar neste avião. Acha que é mais uma perda de tempo por minha causa."

Cory tinha razão. Lou estava zangado por ter que estar naquele avião e passar tanto tempo longe, quando sua empresa estava desmoronando. Tudo por causa de um filho a quem faltava um mínimo de gratidão por tudo que Lou fizera por ele, um filho que arruinara o nome da família. *Não é justo que um único filho consiga arruinar tanta coisa!* Lou gritara por dentro.

A palavra "injusto" subitamente saltou de seus pensamentos, e ele voltou a olhar para o quadro. A caixa do merecimento: você vê a vida como injusta e os outros como ingratos e algozes. Você tende ao ressentimento e a sentimentos de merecimento.

É verdade, Lou pensou. Ele realmente sentia que merecia um filho melhor — como o filho mais velho, Jesse. Então um pensamento reverberou em sua mente: "*Como seria viver com alguém que pensasse assim sobre você?*"

Lou fez um sinal de não com a cabeça e examinou de novo os diagramas: a caixa da imagem — necessidade de ser bem visto. *Não, não estou nem aí*, Lou pensou. *Não me enquadro nessa*. Mas então notou que esse estilo de justificação costuma ver os outros como ameaçadores. E percebeu que era assim que via Cory: ele ameaçava a reputação e o nome da família. Punha em risco a reputação de Lou. *Diabos*, Lou surpreendeu-se com o próprio pensamento, *eu me importo com o que os outros pensam de mim*.

— Finalmente —a voz de Avi trouxe Lou de volta ao presente —, existe uma quarta categoria comum de autojustificação. Ela apareceu na nossa discussão sobre Mordechai, quando um de vocês mencionou que Yusuf pode ter ficado deprimido com o pensamento de que era realmente uma pessoa ruim. Esse estilo é ilustrado pela caixa da inferioridade. Ele então desenhou esta caixa:

A CAIXA DA INFERIORIDADE

Visão de Mim Próprio	Visão dos Outros
Não tão bom Incompleto / Deficiente Condenado	Favorecidos Privilegiados Abençoados
Sentimentos	**Visão do Mundo**
Impotente Invejoso / Amargurado Deprimido	Difícil Contra mim Me ignora

— Posso fazer uma pergunta sobre essa caixa? — Carol disse.

— Claro, Carol, qualquer coisa.

— Venho pensando nesse tipo de visão. Francamente, vejo nela muito de mim, mas não sei como me sinto justificada ao ver as coisas dessa maneira. Na verdade, sinto exatamente o oposto. Por exemplo, quando estava sofrendo do distúrbio alimentar, eu me sentia apenas inútil e ruim. Não me senti nem um pouco justificada.

Avi assentiu com a cabeça.

— Deixem-me revelar uma coisa para vocês — ele disse. – Eu tinha um problema de fala até os 20 anos. Eu gaguejava terrivelmente. Vocês nem imaginam como era constrangedor, por isso eu me afastava dos outros e procurava qualquer desculpa para ficar sozinho. Eu sabia que tinha um problema? Sim. E sabia que o problema era meu. Mas ele afetava a minha visão dos outros. Eu olhava para eles com desejo, não devido a algum tipo de amor ou cuidado, mas por pura inveja. Sentia inveja por não ser como eles, pela facilidade com que falavam. Eu vivia com medo de topar com uma barreira, que minhas pálpebras tremessem pateticamente enquanto eu tentasse expelir as palavras. Imaginei essa cena várias vezes, e vivia com medo de parecer ridículo.

Após breve pausa, continuou:

— Será que eu me sentia justificado? Depende do que se quer dizer com isso. Eu não estava justificando a minha gagueira, pois isto em si não requer justificação. Não existe maldade num mero problema da fala, ou qualquer problema semelhante. Na verdade, estava usando minha incapacidade para justificar meu afastamento dos outros: Era isso que precisava de justificação, pois era um ato ruim. Eu me afastava das pessoas em todas as oportunidades, não me deixava sensibilizar por suas necessidades, jogando a culpa na incapacidade. Eu me convenci de que não podiam esperar isso de mim devido à gagueira! Minha desculpa para não me envolver com o mundo.

Nessa altura, Carol começou a fazer um movimento de sim com a cabeça.

— Ótimo, acho que entendi agora — ela disse. — No meu caso talvez eu não me sentisse justificada pelo distúrbio alimentar, mas usava o distúrbio como desculpa para não ser melhor com os outros.

— Eis um ponto a ponderar — Avi disse. Olhou então de volta para as caixas que ele e Yusuf tinham desenhado no quadro. — Ao olhar para estas caixas — ele disse — e comparar minha vida passada com elas, eu diria que me enquadro na caixa da inferioridade. Diria que me enquadro também na caixa da imagem. Na verdade, na minha vida, as justificações da imagem e da inferioridade muitas vezes andaram juntas. Enquanto sofria de gagueira, queria desesperadamente que os outros tivessem uma boa imagem de mim. Como resultado, quase nunca falava, por medo de parecer ridículo. Como mostra esta caixa, eu via os outros como críticos e ameaçadores, e vivia me sentindo como se estivesse sendo observado, ouvido e avaliado. Isolando-me dos outros como pessoas, vivia em constante medo e ansiedade. E quanto mais me isolava deles, maior a minha ansiedade.

Carol refletiu a respeito:

— Sim, posso ver isso em mim também — ela observou. — Acho que às vezes me afasto e me recolho às sombras. Lou é uma pessoa tão bem-sucedida e realizada que, muitas vezes, não me julgo à altura dele e acabo me depreciando.

Avi assentiu com a cabeça:

— Conheço a sensação. Foi assim que me senti nos primeiros 20 anos de vida.

— Que providência você tomou? — Carol quis saber. — Foi fácil assim se livrar da gagueira?

Avi sorriu:

— Acredite em mim: livrar-me da gagueira não foi nada fácil. Mas, respondendo à sua pergunta, Carol, a gagueira não era o problema.

Dizendo isso, Avi baixou o olhar para o chão por um momento.

—Porque eu tentei me matar duas vezes, depois de quase superar a gagueira.

Essa confissão pareceu quase sugar o ar para fora da sala. Como se todos, por um momento, parassem de respirar, suas mentes interessadas demais nas palavras de Avi para se incomodarem com os detalhes triviais da vida do dia-a-dia.

— Uma vez com pílulas, outra com uma lâmina de barbear — ele disse, semicerrando os olhos para se recordar. — Da segunda vez, minha mãe me encontrou no chão do banheiro, numa poça de sangue.

Avi expulsou a lembrança de suas tentativas de suicídio e encarou Carol:

— Não, Carol — ele disse —, minha gagueira não era a causa de meus problemas. Pelo contrário, eu trazia um coração em guerra, um coração em guerra com os outros, comigo e com o mundo. Eu vinha usando minha gagueira como uma arma naquela guerra e chegara ao ponto em que me via e sentia ruim e precisava me autojustificar. *Este* era meu problema. E só consegui encontrar a saída após me livrar da necessidade de justificação.

— Como você conseguiu isso? — Carol perguntou, com a voz pouco acima de um sussurro.

Avi sorriu para ela.

— Esse, Carol, será nosso tema de amanhã.

— Vai parar por aqui? — Lou perguntou para Avi. — Você acabou de contar que tentou se matar duas vezes e agora quer simplesmente terminar?

Avi riu.

— Quer ouvir mais a respeito?

— Não sei — Lou recuou. — Talvez.

— Contarei mais sobre isso amanhã — Avi prometeu. — Mas, nos 40 minutos que nos restam, acho melhor recordar o que vimos hoje. Assim voltaremos amanhã com uma compreensão mais sólida. Em primeiro lugar — ele começou —, abordamos duas maneiras de ser: uma com o coração em guerra, em que vemos os outros como objetos, e a outra com o coração em paz, em que vemos os outros como pessoas. Eis duas perguntas para vocês: se em quase todo comportamento externo nossos corações podem estar em paz ou em guerra, por que nos importarmos com isto? Será que faz alguma diferença?

— Sim — Carol respondeu. — Faz, sim.

— Por quê? — Avi perguntou. — Por que você acha que faz?

— Porque vi como um coração em guerra arruína tudo.

Avi esperou que ela dissesse mais. Carol continuou:

— Exteriormente tenho tratado bem nosso filho Cory desde que ele começou a se meter em apuros, mas eu sabia que não estava sendo sincera. E isso teve muitos efeitos em mim. Em primeiro lugar, acho que me enquadrei na caixa do merecimento, pensando que estou sendo meiga e bondosa e que ele está maltratando a mim e o resto da família. E Cory pode dizer que é assim que me sinto. Ele chamou minha atenção para isto várias vezes. Embora eu sempre negasse suas acusações — ela acrescentou docilmente. — Acho que também passei grande parte dos últimos anos sentindo uma culpa torturante por saber que não estou realmente amando Cory, embora eu tenha feito com que pareça que o amo. — Ela fez uma breve pausa. No silêncio que se seguiu, seus olhos subitamente se encheram de lágrimas. Uma única gota desceu pela pálpebra e depois pela bochecha. — E nenhuma mãe bondosa age assim — ela silenciou e secou as lágrimas. Começou a balançar a cabeça em sinal de não. —Acho que desenvolvi uma caixa da inferioridade: de que sou uma mãe ruim.

— Acho que você está sendo rigorosa demais— Lou interveio. — A verdade é que Cory tem sido um menino dificílimo. Não é culpa sua.

— Depende do que você quer dizer com isso, Lou — ela replicou, recobrando a calma. — Entendo que eu possa não ser responsável pelas coisas que ele fez. Mas sou responsável pelo que eu fiz.

— Sim, mas você só praticou o bem — Lou elogiou. — Sou eu que tenho agido mal com ele.

— Mas, Lou, você não vê? Estamos falando de algo mais profundo do que meramente o que fiz ou deixei de fazer. Sim, preparei suas refeições e lavei suas roupas. Aturei seus termos agressivos, e tudo mais. Mas isso é só a superfície. O fato é que, enquanto desempenhava o papel da pacifista, meu coração o vem atacando. E atacando você também, por sua guerra explícita contra ele. Tenho estado em guerra também, mas sem deixar transparecer.

— Mas quem não estaria, sob tais circunstâncias? — Lou contra-atacou. — Em guerra, quero dizer.

— Mas essa não pode ser a resposta, Lou! Não pode!

— Por que não?

— Porque assim estamos todos condenados. É o mesmo que dizer que toda a nossa experiência, mesmo os nossos pensamentos e sentimentos, são controlados e causados pelos outros. É acreditar que não somos responsáveis pelo que nos tornamos.

— Que se dane tudo isso, Carol, você não vê o que Cory está fazendo? Ele está fazendo você se sentir culpada pelas coisas que ele faz. Por que não responsabilizar Cory?

— Mas no mundo que você descreve, Lou, ele não poderia ser responsável. Se nossa única reação possível a um coração que está em guerra é a violência, como esperar ou exigir que ele aja diferentemente de nós, quando nossos corações também estão em guerra?

— Mas ele causou isso tudo! — Lou se exasperou. — Nós sempre demos a ele tudo que precisava! É culpa dele! Você quer livrá-lo das responsabilidades e assumir a culpa toda. Não posso permitir!

Carol respirou profundamente e exalou com força o ar dos pulmões, seu corpo estremecendo de mágoa. Olhou para o colo e depois fechou os olhos, o rosto tomado pela dor.

— De que você tem medo, Lou? — Yusuf interveio.

— Medo? Não tenho medo de nada — Lou respondeu.

— Então o que você sente que não pode permitir?

— Não posso permitir que meu filho continue destruindo a família!

Yusuf assentiu com a cabeça.

— Você está certo, Lou. Não pode.

Aquela não foi a resposta que Lou esperava.

— Mas não é isso que Carol vem sugerindo. — Yusuf continuou. — Ela não falou em livrar Cory das responsabilidades dele. Ela só falou em não fugir das próprias responsabilidades.

— Não, ela está se culpando por coisas que são culpa de Cory.

— O quê, por exemplo? Ela disse que as drogas e os furtos foram culpa dela?

— Não, mas está dizendo que tem sido uma mãe ruim, quando o fato é que um bom filho jamais faria com que ela se sentisse assim.

— E Cory não fez, é o que ela diz — Yusuf disse.

— Não fez o quê?

— Não fez com que ela se sentisse assim.

— Fez, sim!

— Não foi isso que ouvi Carol dizer.

Lou virou-se para Carol.

— Olhe, Carol — ele começou —, sei que você está contrariada, mas não quero que assuma mais responsabilidades do que é capaz. Não quero que você internalize problemas que não são seus, só isso.

Carol sorriu para Lou, com o rosto tingido pela melancolia.

— Eu sei, Lou. Obrigada. Mas Yusuf tem razão.

— Razão sobre o quê?

— Que sou responsável por como venho me sentindo, e não apenas pelo que venho fazendo.

— Mas você não se sentiria assim se não fosse Cory!

Ela assentiu com a cabeça.

— Você pode estar certo.

— Viu?! — Lou reagiu. — Foi isso que eu quis dizer.

— Sim, acho que vi, Lou, mas infelizmente você ainda não viu.

— O que você quer dizer?

— O fato de que eu não me sentiria assim se não fosse Cory não significa que foi ele a causa dos meus sentimentos.

— Pelo contrário, claro que significa — Lou discordou.

— Não, Lou, não significa. Não estou me sentindo daquela maneira agora. Cory fez tudo aquilo, no passado, a que atribuí meus sentimentos, mas não estou sentindo aquilo agora. O que significa que ele não provocou meus sentimentos. Eu sempre tive a opção.

— Mas ele dificulta a opção! — Lou contestou.

— Sim — Yusuf interveio. — Ele provavelmente dificulta. Mas opções difíceis continuam sendo opções. Ninguém, aja como agir, pode me privar da capacidade de escolher minha própria maneira de ser. Pessoas difíceis continuam sendo pessoas, e posso sempre vê-las assim.

— E depois pode ser engolido por elas — Lou resmungou.

— Não é isso que ele está dizendo! — Carol implorou. — Ver alguém como pessoa não significa ter que ser fraco. A história de Saladino mostrou isso. Mesmo a guerra é possível com o coração em paz. Você sabe disso, Lou. Você está aqui o mesmo tempo que eu e é um homem inteligente. Se você ainda está em dúvida, é porque está se recusando a ouvir. Por quê, Lou? Por que se recusa a ouvir?

Essa repreensão pegou Lou de surpresa. Normalmente, teria rebatido um comentário tão contundente e nocauteado quem ousara fazê-lo. Carol, sempre dócil, sempre tímida, talvez nunca antes o tivesse criticado tão diretamente. Com certeza nunca na frente dos outros. Lou começou a admirar-se com o fato de estar aprendendo lições de dureza explícita com a pessoa mais delicada que conhecia. Temera que aquele caminho levasse as pessoas a serem fracas e brandas, mas Carol parecia estar se metamorfoseando na outra direção, bem diante de seus olhos. *Algumas caixas da justificação fazem as pessoas agir com fraqueza*, Lou lembrou. *Talvez Carol tenha se enquadrado nesses tipos de caixas. E talvez sair da caixa faça com que ela se torne mais rigorosa.*

Mas esse não é meu problema, pensou. *Se me enquadro nessas caixas, devem ser caixas que me fazem ser duro... Durão, na verdade.* Ele sorriu. *Pode ser que, ao sair delas, eu me enfraqueça um pouco.*

Apesar de revelador, aquele pensamento preocupou Lou.

— Lou — a voz de Yusuf arrancou-o dos pensamentos —, está tudo bem?

— Sim, tudo bem.

Inclinou-se em direção a Carol.

— Acho que estou recuperando um pouco da minha capacidade de ouvir — sussurrou.

Estou perdido, pensou, *vou enfraquecer.* Mas subitamente não estava tão preocupado com aquilo.

— Portanto — Yusuf continuou, olhando para o grupo em volta —, respondendo à pergunta de Avi, Carol sugeriu que algo mais profundo do que nosso comportamento, a nossa maneira de ser, importa. E muito. Vocês concordam?

Lou fez que sim com a cabeça, como os outros.

— Então tenho outra pergunta para vocês. Se a escolha da maneira de ser é importante, como mudamos de uma maneira para outra? Especificamente, como mudamos da paz para a guerra: de ver pessoas para ver objetos?

— Através da autotraição — Elizabeth respondeu.

— Que é o quê? — Yusuf indagou.

— É o que você mostrou com a história de Mordechai. Você teve o impulso de ajudá-lo, o que significa que o via como uma pessoa, mas depois lhe deu as costas, e começou a justificar por que não deveria ajudá-lo, e ele se tornou um objeto para você.

— Sim, excelente, Elizabeth — Yusuf elogiou. — Certíssimo. Portanto a autotraição, o ato de violar minha própria percepção em relação a outra pessoa, faz com que eu veja essa pessoa diferentemente, e não só ela, mas a mim mesmo, e o mundo também. Quando tenho vontade de ajudar minha mulher a limpar a cozinha, por exemplo, mas fico sentado no sofá, começo a vê-la, e a mim mesmo, de formas que justificam a minha indolência. Por exemplo, posso começar a vê-la como exigente demais e a mim mesmo como merecedor de um descanso. Quando ignoro a vontade de pedir desculpas ao meu filho, posso começar a me convencer de que é ele quem deveria pedir desculpas, ou de que ele é um estorvo, ou de que, se eu pedir desculpas, ele interpretará isso como uma licença para fazer o que bem entende. E assim por diante. O que significa que, quando violo minha percepção em relação aos outros e a como deveria agir com eles, imediatamente começo a ver o mundo de forma a justificar a minha autotraição. Nesses momentos, começo a ver e viver de forma distorcida, criando a necessidade de me justificar, dentro de mim.

— Mas e se eu não tenho esse impulso de ajudar inicialmente? — Lou perguntou. — Acho que não a tenho com muita freqüência, para dizer a verdade. Significa que não estou me traindo?

— Pode ser — Yusuf admitiu. — Mas pode significar outra coisa.

— O quê?

Yusuf apontou para o diagrama da opção.

O DIAGRAMA DA OPÇÃO

Percepção/Impulso

Ajudar Mordechai apanhando as moedas para ele.

(Estou vendo Mordechai como uma PESSOA, com necessidades, interesses, preocupações e temores que importam, como os meus)

Meu Coração Está em Paz

OPÇÃO

Honrar a percepção	Trair a percepção
↓	↓
Continuo vendo que Mordechai é uma pessoa como eu	Começo a ver Mordechai de maneiras que justificam minha autotraição. Ele se torna um OBJETO de acusação **Meu Coração Entra em Guerra**

Visão de Mim Próprio	**Visão de Mordechai**
Melhor que o outro Uma vítima (por obrigação) Mau (foi levado a isso) Quer ser bem visto	Nenhum direito de estar ali Acabou com a minha paz Ameaça sionista Fanático
Sentimentos	**Visão do Mundo**
Revoltado Deprimido Amargurado Justificado	Injusto Opressivo Contra mim

— O que vocês acham que acontece — ele disse — se eu entro nesta caixa aqui em relação a Mordechai e não saio mais?

Ninguém respondeu por um momento.

— Nada acontecerá — Lou enfim disse. — Tudo permanecerá igual.

— Sim, Lou, o que quer dizer que acabarei carregando essa caixa comigo, certo?

— Sim, acho que está certo — Lou respondeu lentamente, tentando captar as implicações.

— Em outras palavras — Yusuf continuou —, se entro nesta caixa e não saio mais, acabo carregando a caixa comigo. E, na minha próxima interação com Mordechai, meu ponto de partida deverá ser a caixa, certo?

Yusuf aguardou até que visse compreensão nos olhos à sua frente.

— E, se já estou partindo da caixa, vocês acham que eu teria vontade de ajudar na minha próxima interação com Mordechai ou com os outros que agrupo junto com ele?

— Ah! Estou entendendo — Lou disse. — Não, não teria. Você começaria incomodado, amargurado ou zangado. E nesse estado não teria nenhuma vontade de ajudar.

— É o que estou sugerindo — Yusuf concordou. — Posso acabar vivendo numa grande caixa, da qual perceba as pessoas como objetos. Quando desenvolvo estas caixas maiores, tenho um ataque sempre que minhas justificações são desafiadas ou ameaçadas. Se preciso ser visto como inteligente, por exemplo, ficarei ansioso sempre que achar que minha inteligência está em julgamento; por exemplo, quando pedem que eu fale em público ou quando acho que estão me avaliando. Se me sinto superior, tendo a ter um ataque de raiva ou desdém se os outros não reconhecerem minha superioridade, ou se perceber que alguém está tentando parecer melhor do que eu. E assim por diante. Não preciso mais trair meus sentimentos em relação aos outros para entrar na caixa, porque já estou dentro dela.

— Então você está dizendo que, se acho que não tenho essas vontades, pode ser um sinal de que já estou na caixa, de que estou carregando minhas caixas comigo, por assim dizer.

— Estou sugerindo essa possibilidade, sim.

Lou refletiu a respeito.

— Tenho uma pergunta diferente de Lou — Carol disse, levantando a mão.

— Diga.

— Meu problema não é a falta desse desejo de ajudar, mas o excesso. Francamente, ao refletir sobre isso, sinto-me sobrecarregada por ter que fazer tudo que acho que deveria, para não me trair.

— Tenho o mesmo problema — Rita disse.

Yusuf assentiu com a cabeça.

— Que bom, então, que não foi isso que o diagrama quis dizer.

— Não foi isso? — Carol perguntou, esperançosa.

— Não. Olhemos de novo para o diagrama. Observem dois elementos: primeiro, notem que usamos as palavras "honrar" e "trair", e não "agir" ou "não agir". Observem também que a palavra "desejo" vem junto com "sentimento". Em outras palavras, esse sentimento que estamos descrevendo é algo semelhante ao desejo. Está acompanhando? — perguntou a Carol, antes de prosseguir.

— Sim. Estou vendo tudo isso.

— O.k., então deixe-me fazer uma pergunta: você já esteve numa situação em que não conseguiu fazer por alguém algo que achava que deveria, mas continuou desejando que tivesse conseguido?

— Claro, o tempo todo — Carol respondeu. — É exatamente disso que estou falando.

Yusuf fez um movimento de concordância com a cabeça.

— Observe como essas experiências são diferentes da minha. No meu caso, depois que deixei de ajudar, eu continuava com desejo de ajudar?

Carol olhou para o diagrama.

— Não.

— Não, não continuei. Você está totalmente certa. Portanto, observe a diferença: no meu caso, comecei com o desejo de ajudar, mas acabei sentindo desprezo, enquanto, no seu caso, você começou com o desejo de ajudar e manteve esse desejo.

Fez uma pausa, para que todos assimilassem aquilo.

— Embora possa ser verdade que, nesses casos, você não deu aquela ajuda externa que considerava ideal, não perdeu o desejo inicial. Ou seja, você continuou *desejando* ser prestativa. Suponho que muitas outras coisas interferiram e não permitiram que você realizasse aquela ação ideal adicional. Estou certo?

Carol concordou com a cabeça.

— Assim é a vida — Yusuf deu de ombros. — Em qualquer momento dado, muitas ações seriam ideais. Quer prestemos ou não ajuda, sabemos que não traímos a nós mesmos se continuamos com o desejo de ser úteis.

— O.k., acho que entendi — Carol disse. — Você está dizendo que o sentimento que estou ou não honrando é esse desejo de ajudar, não o fato de me comportar ou não de certa forma.

— Sim, Carol, é exatamente o que estou dizendo. Por isso usamos "honrar" e "trair" no diagrama da opção, e não "agir" ou "não agir". Aliás — ele continuou —, isso mostra como posso me comportar da forma que considero ideal e, mesmo assim, me enquadrar na caixa. Pense no caso de Mordechai. Digamos que, após entrar na caixa, vi um conhecido e, envergonhado, sem querer parecer insensível, virei e ajudei Mordechai a apanhar suas moedas, embora no fundo estivesse furioso com aquilo. Nesse caso, eu o via como uma pessoa ao ajudá-lo?

— Não.

— Eu conservei o desejo de ser prestativo?

— Não, não conservou.

— Portanto eu honrei ou traí meu desejo de ser prestativo?

— Você o traiu — Carol disse. — Entendi. Não se trata apenas do comportamento, certo? A coisa é mais profunda.

— Exatamente. Meu coração não estava em paz, embora externamente eu estivesse sendo prestativo, o que sugere que traí meu desejo original de ajudar.

Carol estremeceu ao ouvir aquele comentário e mordeu o lábio.

— Isto desperta outra pergunta em mim.

— Diga.

— A situação que você descreveu, conservar o desejo de ajudar mesmo não podendo ajudar, explica algumas de minhas experiências, mas não todas.

— Continue — Yusuf estimulou.

— Bem, muitas vezes, quando não consigo ajudar, perco a paz. Para ser honesta, fico me roendo por dentro. Sinto-me esmagada, ansiosa e tensa por não poder ajudar. Aquilo me consome, e não consigo relaxar. Como quando minha casa está suja. Fico ansiosa quando recebemos visitas e não tive tempo de limpá-la.

— Ah! — Yusuf respondeu. — Nesses casos parece que você se enquadra na caixa, certo?

Carol concordou, com um movimento da cabeça.

— E você poderia se enquadrar, Carol. Na verdade, você é a única pessoa que sabe com certeza, mas parece que você desenvolveu uma caixa da imagem hiperativa. Talvez sua caixa faça com que precise ser vista como prestativa, por exemplo, ou atenciosa, ou gentil, ou como uma espécie de supermulher. E caixas da imagem como essa tendem a multiplicar, na sua mente, a lista de obrigações autoimpostas, e você perde a paz quando não consegue cumpri-las.

Carol afundou na cadeira.

— Essa sou eu, sem tirar nem pôr — ela disse. — É exatamente como sou.

Ergueu o olhar para Yusuf:

— E de onde elas vêm?

— Elas o quê?

— As caixas, como essa caixa da imagem.

— Vejamos de novo o diagrama da opção — ele disse. — Quando, naquela história, eu tive uma caixa, seja ela qual for: da superioridade, do merecimento, da inferioridade ou da imagem?

— Depois que traiu seu sentimento.

— Exato. O que significa que desenvolvemos nossas caixas ao longo de uma vida de opções. Sempre que optamos por rejeitar e jogar a culpa em alguém, necessariamente nos sentimos justificados, e começamos a erguer uma caixa de autojustificação, cujas paredes vão engrossando com o tempo.

— Mas por que desenvolvi uma caixa da imagem, ao contrário de outras pessoas? — Carol quis saber.

— Boa pergunta, Carol — Yusuf disse. — Se você é como a maioria das pessoas, provavelmente desenvolveu caixas com elementos de cada um desses estilos de justificação.

— Acho que normalmente me enquadro nas categorias da inferioridade ou imagem — Carol disse.

— Já eu — Lou interrompeu — me enquadro na superioridade e no merecimento o tempo todo.

— Que surpresa — Gwyn zombou.

— Sim, chocante — Elizabeth concordou.

— Eu não queria desapontá-las — Lou disse. — Vocês esperavam isso de mim.

— Então por que Lou e eu temos tipos diferentes de caixas? — Carol perguntou, voltando à questão.

— Com relação à caixa — Yusuf respondeu —, não se deixem impressionar tanto pelas categorias. Trata-se de simples ferramentas lingüísticas que ajudam a pensar com mais precisão sobre a questão da justificação. As diferenças que elas mostram são, em muitos aspectos importantes, artificiais. O que quero dizer é que as nossas semelhanças são bem maiores do que as nossas diferenças. O que você e Lou compartilham com toda a humanidade é uma necessidade de se justificar resultante de uma vida de autotraições. Se nos justificamos de formas diferentes, é porque vivemos dentro de um contexto, e buscaremos a justificação mais fácil que pudermos encontrar. Assim, por exemplo, se eu tivesse sido criado num ambiente crítico ou exigente, poderia ter sido mais fácil para mim, em termos relativos, encontrar refúgio nas justificações da inferioridade ou da imagem. Aqueles criados em ambientes de prosperidade, por outro lado, podem naturalmente gravitar para as justificações da superioridade ou do merecimento, e assim por diante. Caixas da imagem podem facilmente surgir nessas circunstâncias também.

Após uma breve pausa, prosseguiu:

— Mas o ponto-chave, o ponto que é igual para todos nós, é que nos agarramos à justificação, seja lá como conseguimos obtê-la. Como isto é algo que nós fazemos, também é algo que podemos desfazer. Quer encontremos justificações em nossas inferioridades ou em nossas superioridades, todos podemos encontrar o caminho para um lugar onde não precisemos de nenhuma justificação. Podemos encontrar o caminho da paz, profunda, duradoura, automática, mesmo quando a guerra irrompe à nossa volta.

— Como? — Carol perguntou.

— Como Avi disse minutos atrás, esse será nosso tema de amanhã. Para hoje à noite, sugerimos que vocês reflitam sobre quais caixas estão carregando e a natureza de suas autojustificações predominantes. Sugiro também que avaliem como sua caixa, esse coração beligerante que carregam internamente, tem provocado guerras externas entre vocês e aqueles que estão em suas vidas. Lembram do diagrama do conluio? — ele perguntou, apontando para o quadro do conflito entre Avi e Hannah sobre aparar o gramado.

A maioria do grupo respondeu que sim, com um movimento da cabeça.

— Procurem este padrão em suas próprias vidas esta noite — ele sugeriu. — Vejam de que forma vocês podem estar provocando nos outros exatamente o comportamento de que estão se queixando. Reflitam sobre quais caixas podem estar por trás de suas reações a tais situações. Tentem descobrir quais autojustificações estão defendendo.

Yusuf olhou para o grupo.

— Em suma, a nossa proposta para vocês esta noite — ele disse — é observarem suas batalhas e refletirem sobre suas guerras. Usando o conflito do Oriente Médio metaforicamente, somos todos palestinos e israelenses, em certas áreas de nossas vidas. Não será bom para nós, nem para aqueles que amamos, achar que somos superiores. Tenham uma boa noite.

PARTE III

Da guerra à paz

15 • *Pedidos de desculpas*

Lou mal dormiu naquela noite. Revirou-se na cama, enquanto os erros dos últimos 30 anos desfilavam por sua mente. Cory representava um objeto para ele, não podia negar. Seu coração se agitava de raiva ao mero pensamento do seu nome. Mas um sentimento novo surgiu naquela noite: um desejo de se livrar da dor que sentia em relação a Cory, em vez do desejo de se livrar do próprio Cory. Estava querendo o filho de volta. Ou, mais precisamente: estava começando a sentir o desejo de ser o pai de Cory novamente.

Falando em dor, a dor que sentiu por ter mandado Kate embora o torturava. Ao recordar a reunião com os amotinados na sala da diretoria, pensou nas suas próprias palavras e na sua atitude. Ele tinha sido infantil! Não podia se dar ao luxo de perder Kate, mas o orgulho o levara a subir a um rochedo e o cegara para uma verdade que suspeitava ser óbvia para todos os demais: Kate, e não Lou, era o principal propulsor por trás do sucesso da Zagrum. *Como pude ser tão cego? O que farei agora? Como posso salvar a empresa?*

Mas, de madrugada, seus pensamentos e sua dor estavam em outro lugar. Durante 31 anos, Carol (que, ele notou, dormiu bem a noite inteira) dedicara sua vida a ele, quase sem pedir nada em troca. Conheceram-se num baile na Universidade de Syracuse. Carol estava saindo com um dos amigos de Lou. Este, sozinho naquela noite, não desgrudou os olhos dela. Começou a noite refletindo se seria ético surrupiá-la do amigo. No final da noitada, não se tratava mais de uma questão de ética, apenas de estratégia.

Nos meses seguintes, Lou passou a ver Carol como uma contradição. Por um lado, tinha um ar amigável e acessível: o riso fácil, tendo sempre à mão uma resposta envolvente, por vezes espirituosa. Em suma, divertida. Era agradável conversar com ela, trocarem piadas, estarem juntos. Por outro lado, ela se mostrava instintivamente cautelosa. Filha obediente de um pastor, ela tinha sido educada para desconfiar dos homens e de suas intenções. Seu pai costumava convidar todos os pretendentes a descerem até o porão, para "ver seus trens". Ali, com a luz apagada, ameaçava-lhes a vida e a integridade física caso cometessem qualquer inconveniência com sua filha. Como o último de uma longa fila, Lou ouviu esse sermão também. Aquilo poderia impressionar um rapaz da escola de nível médio da cidadezinha do pastor, ele achou. Mas para um calouro da faculdade, sem nenhum vínculo com a congregação ou a religião do pai, o sermão simplesmente criava algumas barreiras práticas. Naquela altura, ele já estava apaixonado por Carol Jamison. Agora ele sabia que o Sr. Jamison teria que aprová-lo, antes que Carol pudesse corresponder plenamente ao seu amor.

Entre as saídas com Carol e os sermões do pai, o rendimento acadêmico de Lou começou a piorar. Mas não havia como voltar atrás. Pensava em Carol durante as aulas e nas horas de estudo, e acabar o namoro pioraria ainda mais as coisas. No final, Lou, criado como um cristão não-praticante, conquistou a confiança do devoto pai de Carol, pedindo-a em casamento. Foi aí que Lou aprendeu uma lição sobre a independência de Carol. Ela podia compartilhar a cautela do pai, mas não agia cegamente com base nas aprovações dele. Na primeira proposta de casamento de Lou, ela respondeu que teria que refletir a respeito. Ele guardou o anel por cinco meses até ela enfim aceitá-lo em seu dedo. Lou jamais esqueceria aquele momento.

— Sim, Lou, vou me casar com você — ela disse, de forma totalmente inesperada, quando voltavam de carro de um serviço religioso numa tarde chuvosa de domingo.

— O que foi que você disse? — Lou deixou escapar.

— Vou me casar com você, Lou. Vou dedicar minha vida a você e à nossa família.

Foi o que ela fez.

Enquanto recordava aqueles acontecimentos, Lou estava ciente de que não retribuíra aquela devoção sincera. Seus olhos nunca se desviaram para outras mulheres. Esse pecado ele não cometera. Não, seu problema não era o desejo ocasional por outras, mas um desejo constante por si mesmo: pelo próprio sucesso, por sua posição no mundo.

Tudo começou de forma bem inócua, com a sua decisão de se alistar nos Fuzileiros Navais para lutar no Vietnã. Ele começou a cogitar a idéia enquanto Carol refletia sobre sua proposta de casamento. Talvez por medo da rejeição, talvez como uma forma de evitar um vexame público se ela acabasse recusando seu pedido, ou mesmo por patriotismo exacerbado, Lou se alistara dois dias antes de Carol o surpreender com seu consentimento. O casal teria que esperar cinco anos até entrar na igreja.

Isso tinha sido 25 anos antes. O primeiro filho, a menina Mary, nascera menos de um ano depois, e o segundo, Jesse, dois anos mais tarde. A primeira empresa de Lou "nasceu" logo em seguida e, com ela, a obsessão pelo trabalho, que deixou Carol praticamente como uma mãe solteira — ao menos emocionalmente. Cory, o terceiro filho, já tinha mais de um dia quando Lou resolveu ir ao hospital ver o recém-nascido e Carol. "As reuniões em Nova York não puderam esperar", ele se justificou. Nunca podiam. Ainda que o Hospital Yale, em New Haven, ficasse a apenas 90 minutos de Wall Street.

Carol magoou-se com sua ausência, mas naquela altura ela já estava acostumada. Lou não gostava que lhe impusessem o que fazer ou quando fazer, e ao longo dos anos ela aprendera a não exigir muito do marido. A combinação contraditória da dedicação incondicional de Carol e da independência total de Lou era o que mantinha a família unida daquela maneira. Ele empalideceu ao lembrar certa vez, 10 anos após terem se casado, em que ele pediu que ela viesse até seu armário de roupas. Timidamente ela veio, sem saber para quê. Lou então pedira que ela vestisse uma de suas calças. Ela o olhou intrigada, mas obedeceu.

— Agora, Carol — ele perguntou —, o que você observa nessas calças?

— São grandes demais para mim — ela respondeu.

— Nunca esqueça isso! — Lou respondeu enfaticamente, referindo-se não à diferença das cinturas, mas ao peso das responsabilidades que Lou sentia que carregava nos ombros.

Ele estremeceu ante aquela lembrança. Se o pai de Carol ainda estivesse vivo, Lou mereceria um encontro duro com seus trens.

Essas reflexões acompanharam Lou na manhã seguinte, enquanto ele e Carol iam de carro até Camp Moriah. Ao se aproximarem da instituição, ele não conseguiu mais guardar seus pensamentos:

— Carol, estou tão arrependido — ele disse. — Profundamente arrependido.

— De quê?

— De tudo. — Sacudiu a cabeça pateticamente. — Por não amar você como merece ser amada. Por não estar com você como você sempre esteve comigo.

Carol permaneceu calada por um minuto. Seus olhos começaram a marejar.

— Você esteve comigo, Lou — ela disse enfim. — Às vezes esteve em outros lugares também, é verdade. Mas você sempre voltou para mim. Muitas mulheres não têm essa sorte. Poucas podem afirmar que nunca tiveram que se preocupar, mas eu nunca tive que me preocupar com você, Lou. Por mais que se dedicasse às outras coisas, sempre soube que você se dedicava a mim também.

— Mas não deveria ter sido apenas "também" — Lou disse. — Isso não é suficiente. — Lou adotou um ar de determinação. — Vou compensar tudo isso, prometo.

Após um minuto de silêncio, Carol disse:

— Você não é o único que precisa pedir desculpas.

— O que você quer dizer?

— Você sabe o que quero dizer — ela respondeu. — Tenho estado junto com você, suponho, mas meu coração nem sempre. Venho reclamando silenciosamente há anos.

— Mas você teve motivos — Lou a defendeu sinceramente.

— Tive? — Ela se voltou para Lou. — Quanto maior a minha frustração por não satisfazer minhas necessidades, maiores se tornaram essas necessidades, até que, eu acho, me entorpeci com as necessidades dos outros: as suas necessidades, as de Cory...

— Você já está se martirizando de novo, Carol.

— Não, Lou, martirizar-me é o que venho fazendo silenciosamente há anos. Eu não estou me martirizando agora, apenas estou observando a minha luta interna.

— Mas tudo que você fez durante anos foi satisfazer as necessidades dos outros, Carol. Você nunca viveu para si própria.

Carol deu um sorriso tênue.

— É do que tenho tentado me convencer, Lou, mas não é verdade. Agora enxergo. — Então acrescentou: — Tenho odiado você, Lou.

Aquilo o abalou.

— Odiado? — ele repetiu, sem graça.

— Sim, de uma maneira sutil. — Ela fez uma pausa. — Tenho cumprido devidamente com as obrigações domésticas? Sim, mas isso é apenas um comportamento externo, você não vê? Cada vez que limpei a casa, acho que me soterrei ainda mais na frustração.

E durante anos me senti culpada por não sentir por você o que sei que deveria sentir. Tem sido uma espiral descendente.

Lou não soube o que dizer.

— Então que providência você vai tomar? — enfim perguntou.

— Não sei exatamente. Espero obter mais ajuda sobre isso hoje.

A conversa parou, e Lou e Carol refletiram em silêncio sobre suas situações. Dois minutos depois, chegaram a Camp Moriah.

Estava na hora de ir mais fundo.

16 • *Um presente em tempo de guerra*

— Como passaram a noite? — Avi perguntou, com um grande sorriso, depois que o grupo tomou seus assentos na sala.

Lou olhou ao redor e se surpreendeu ao descobrir que se sentia em casa na sala, como que entre amigos. *Sim, foi isso que eles se tornaram*, pensou. *Pettis, o colega veterano de mente clara. Elizabeth, a britânica orgulhosa de humor sutil e honestidade surpreendente. Rita e Miguel, o casal que formava uma combinação estranha e vivia brigando sobre quem lavaria a louça. Os pais quietos e tímidos de Jenny, Carl e Teri. Até Gwyn, a tempestuosa colega de Lou, que o acusara de racista.* Lou começou a rir ao perceber que estava até contente por ver Gwyn.

— Lou, qual a graça? — Avi quis saber.

— Oh, nada — ele sorriu. — É bom ver todos aqui, só isso.

— Até eu? — Gwyn perguntou com um sorriso amarelo.

— *Especialmente* você, Gwyn — Lou riu.

No conforto do momento era fácil esquecer quanta coisa mudara desde a manhã anterior.

— Então como saímos da caixa? — Avi perguntou retoricamente. — Como nossos corações podem passar da guerra para a paz? Eis a questão de hoje.

— Que bom, porque eu quero a resposta — Lou disse.

— Na verdade, Lou, você já viveu a resposta — Avi disse.

— Não, acho que não — Lou deu um sorriso forçado.

— Claro que sim. Compare como você está vendo todos aqui

hoje e se sentindo em relação a eles a como os via e se sentia ontem de manhã.

Foi como se, subitamente, alguém tivesse acendido uma série de luzes cuja falta Lou não sentia antes. Seus pensamentos e sentimentos sobre aquela sala e as pessoas ali tinham mudado. Mas como?

Lou verbalizou sua pergunta interna:

— Tem razão. As coisas parecem diferentes nesta manhã. Mas por quê? — ele perguntou. — Como?

— Se importam se eu contar uma história? — Avi perguntou.

— Conte.

— Lembram-se da minha gagueira e de minhas tentativas de suicídio?

Lou e os demais responderam que sim com movimentos de cabeça.

— Eu gostaria de contar o que aconteceu. Para isso, preciso voltar a 1973.

Avi começou a andar com passos lentos e regulares, na frente da sala.

— Comemorei meus 15 anos em 5 de outubro de 1973 — ele começou. — No dia seguinte era Yom Kippur, ou Dia do Perdão, o dia mais sagrado do calendário judaico. Um dia de orações e jejum em Israel, o dia em que todos, mesmo nas forças de defesa do país, se reúnem em casa ou nas sinagogas para o culto religioso. Egito e Síria lançaram um ataque de surpresa naquele dia, exatamente às duas da tarde: o Egito ao sul, e a Síria ao norte. Nunca esquecerei o som dilacerante das sirenes convocando os reservistas para abandonarem o culto e vestirem os uniformes. Meu pai, ele próprio um reservista, saiu correndo de nossa casa em Tel Aviv em minutos. Sua unidade foi mobilizada no norte, para combater os sírios nas colinas de Golan. Foi a última vez que o vi.

Avi fez uma breve pausa e depois continuou:

— Como um jovem que crescera ouvindo histórias como a de Davi e Golias sobre a Guerra dos Seis Dias, eu esperava o seu regresso em questão de semanas. Mas ele foi morto num ataque de morteiro, três dias depois: uma das muitas baixas num local devidamente chamado de vale das Lágrimas. Meu melhor amigo era um árabe-israelense chamado Hamish. Seu pai e o meu trabalhavam na mesma empresa. Ele morava em Jaffa, não muito distante de minha casa, na parte sul de Tel Aviv. A gente se encontrava tanto quanto possível. De todas as crianças com quem convivi na juventude, só Hamish nunca debochou de minha gagueira. Além de não fazer pouco de mim em público, eu sabia que, interiormente, ele também não pensava mal de mim. Pois bem, quando Hamish soube da morte do meu pai, veio me consolar. Com raiva, mandei-o embora. Nunca esquecerei a cena: Hamish, com a cabeça reverentemente abaixada diante da minha porta, enquanto eu soltava uma saraivada de impropérios, culpando-o pela morte do meu pai. Culpei meu melhor amigo, meu companheiro de brincadeiras desde criança. Ele matou meu pai: ele e aqueles com a mesma crença e aparência. Foi o que eu disse. Eu tremia de raiva enquanto ele, ainda recurvado, se afastava em silêncio da minha porta, descendo tristemente a rua e sumindo de minha vida. Duas das pessoas mais importantes para mim tinham subitamente desaparecido: um judeu, morto por uma arma árabe, e um árabe, banido pelas balas verbais de um judeu. Mas é claro que ele não foi a única vítima. Como vimos ontem, tamanha negação da humanidade do outro requer grande dose de justificação. Comecei a exterminar na minha mente grande parte da raça humana. Os árabes eram sanguessugas, covardes, ladrões, assassinos: meros cães merecedores da morte, poupados apenas pela boa vontade do povo israelense. O que só percebi anos depois foi que, sempre que eu desumanizo outras pessoas, necessariamente desumanizo tudo que é humano, eu inclusive. O que começou como um ódio aos árabes se transformou num ódio por todos os judeus que se recusassem a compartilhar meu ódio pelos árabes e terminou num nível de auto-aversão que me deixou numa poça da sangue, num chão de banheiro em Tempe, Arizona.

Avi começou então a contar como conheceu Yusuf.

— Minha mãe, assustada com a minha decadência após a morte do meu pai, enviou-me aos Estados Unidos no verão de 1974, para morar com seu irmão. Foi aqui que aprendi a odiar dois outros grupos: primeiro, os judeus religiosos, representados por meu tio praticante, que insistia em olhar para Deus quando era óbvio que Deus, se existia, estava olhando para o outro lado. Segundo, os americanos afluentes, com todos os seus brinquedos e engenhocas, que olhavam com desconfiança para o adolescente gago forçado a usar o quipá, o solidéu. Lutei contra a gagueira como um ato de sobrevivência e autodefesa e finalmente adquiri algum controle consciente sobre ela, na época em que me matriculei na Universidade do Estado do Arizona. Mas eu estava sozinho: isolado da humanidade que caminhava e conversava e dirigia seus carros ao meu redor, em toda parte. Eu era uma alma solitária. Vocês podem achar que com isso sobrava mais tempo para eu estudar, e que fui compensado com boas notas. — Ele riu, quebrando a tensão do depoimento. – Mas, como muitos solitários, eu estava mais preocupado com os outros do que quem leva uma vida social normal. Vejam bem, eu nunca estava realmente sozinho, mesmo quando fisicamente separado dos outros, porque pensava no meu pai, no meu povo, nos árabes e em Hamish. Todas as pessoas que eu odiava estavam sempre comigo, mesmo quando eu ficava sozinho. Tinham que estar, pois eu tinha de lembrar o que e por que eu odiava, para não me esquecer de permanecer longe deles. Após minha segunda tentativa de suicídio e uma breve estada no hospital, fui liberado para enfrentar meu futuro. Naquela época, parecia sombrio. A universidade exigiu que eu melhorasse o rendimento após completar meu primeiro ano, e as notas no segundo ano foram ainda piores. Eu esperava ser expulso. Um dia, no início de maio, recebi uma carta da reitoria: meu aviso de expulsão. Ou pelo menos foi o que pensei. Na realidade, tratava-se de uma última e compassiva tábua de salvação: um convite para participar de um programa de sobrevivência de 40 dias, dirigido por um professor da universidade, um árabe chamado Yusuf al-Falah.

Apontou o braço na direção de Yusuf, que fez um ligeiro movimento com a cabeça.

— O que significava que eu não iria participar — Avi continuou. — Antes ser expulso do que passar 40 dias e noites com um intrigante, que era o que eu, o verdadeiro intrigante, supunha que ele fosse. Disse isso à minha mãe, que naquela altura também se mudara para os Estados Unidos. "Você vai participar desse programa, Avi", ela me ameaçou, "ou não será mais meu filho. E não pense que digo isso da boca para fora", ela continuou. "Duas vezes você atentou contra a própria vida, e já não reconheço o menino de quatro anos atrás. Portanto, você só tem uma escolha, Avi. Se rejeitar essa oportunidade, essa dádiva que você nem merece, por causa de um rancor cego contra alguém que sequer conhece, não será mais meu filho. Nem seu pai o reconheceria como filho."

Avi fez uma pausa para respirar fundo.

— De modo que fui — ele disse. — Fui conviver com meu inimigo.

O grupo aguardou que continuasse.

— E o que aconteceu? — Gwyn perguntou.

— Você se importa? — Yusuf pediu permissão a Avi para interromper.

— Não, tudo bem — Avi respondeu. — Por favor.

Yusuf caminhou até a frente da sala.

— Para dar uma idéia do que aconteceu, talvez seja bom eu contar algo ocorrido aqui ontem com a filha de Carl e Teri, a Jenny.

Jenny!, Lou exclamou em pensamento. Não podia acreditar que a tivesse deixado escapar da sua mente.

— Carl, Teri — Yusuf perguntou —, vocês se importariam se eu contasse ao grupo como trouxeram Jenny aqui?

Carl se inquietou com a atenção subitamente voltada para ele, mas disse:

— Tudo bem.

— Tem certeza?

— Sim, vá em frente.

— Teri?

— O.k., sem problema.

— Tudo bem, então — Yusuf começou, voltando-se para o resto do grupo. — Quando Jenny entrou no carro dos pais ontem de manhã, ela não sabia que estava sendo transportada para um programa de tratamento. Fiquem sabendo que não recomendamos isso, mas acontece. O irmão de Jenny vinha também no carro. Ele precisou segurar Jenny para que ela não escapulisse do veículo em movimento, quando os pais deram a notícia. Claro que vocês viram o estado de Jenny, depois que ela se livrou do irmão e atravessou a rua correndo. Vocês podem não ter percebido que ela estava descalça. Isso pode parecer besteira às nove da manhã. Mas a coisa fica diferente quando o sol do Arizona começa a aquecer o calçamento da cidade, acreditem. Mesmo em abril. Como eu disse, Jenny saiu correndo, pouco após começarmos nossa sessão, e dois de nossos funcionários foram atrás dela. O que eu gostaria de contar é o que aconteceu nas horas seguintes, enquanto eles a seguiam.

— Poucas horas? — Lou perguntou.

— Sim. Os jovens que a seguiram se chamam Mei Li e Mike. São ex-participantes de nosso programa, mas agora trabalham conosco. Mei Li tem 20 anos, e Mike, 22. Na verdade, eles estão conosco nesta manhã — ele disse, estendendo a mão para os fundos da sala.

O grupo virou as cabeças para trás.

Mei Li e Mike, ambos usando confortáveis calças de brim cáqui e camisetas, sorriram de volta. Mike inclinou a bandana em sua cabeça, como os desportistas fazem com seus bonés. Mei Li acenou timidamente.

— Vocês se importam de vir até aqui e contar o que aconteceu ontem? — Yusuf pediu.

Eles sorriram, assentiram com a cabeça e foram até a frente.

— Bem — Mike começou —, Jenny desatou a correr cerca de 15 minutos depois que vocês entraram no prédio. Ela já tinha alguns quarteirões de vantagem quando Mei Li e eu partimos em seu encalço. Chamamos Jenny quando a alcançamos, mas ela começou a gritar que seus pais a tinham traído.

Ele se voltou para Carl e Teri, ao perceber o que dissera. Com a expressão constrangida, abaixou a cabeça como que pedindo desculpas. Carl fez um sinal com a cabeça e, fazendo um gesto com a mão, deu a entender que estava tudo bem.

— Não se preocupe com isso — ele disse.

— Jenny estava aos prantos — Mei Li interveio. — Nada que dizíamos ajudava; talvez até atrapalhasse. Ela começou a correr mais depressa e a saltar muros, tentando se livrar de nós.

— Ela pratica corrida de obstáculos — a mãe explicou, quase que pedindo desculpas.

— Deu para perceber — Mei Li riu. — Fizemos de tudo para acompanhá-la.

— E para manter o diálogo — Mike acrescentou. — Continuamos assim, correndo atrás dela e tentando conversar, por um bom tempo. Mas aí Mei Li notou algo.

— O quê? — Teri perguntou.

— Que os pés de Jenny estavam sangrando. Então perguntamos se ela se incomodava se chamássemos alguém para trazer sapatos.

— E? — Teri ficou curiosa.

Mike fez um sinal de não com a cabeça.

— Ela não aceitou.

Teri suspirou.

— Mas aí Mei Li se sentou — Mike continuou — e começou a tirar seus próprios sapatos. "Pegue os meus então, Jenny", ela ofereceu. "Seus pés estão machucados; os meus estão bem. Por favor." Mas Jenny a xingou de algo que prefiro não repetir e continuou fugindo.

O pai de Jenny, Carl, fez um sinal de resignação com a cabeça.

— Mas Mei Li não se incomodou — Mike prosseguiu — e tirou os sapatos assim mesmo.

Teri e Carl os fitaram com ar indagador.

— Mike fez o mesmo — Mei Li acrescentou. — Se inclinou ali mesmo e tirou os sapatos também. Depois tentamos alcançá-la.

— Descalços? — Lou indagou.

— Sim — Mei Li respondeu.

— Por quanto tempo?

— Oh — ela disse —, mais ou menos umas três horas.

— *Três horas!* Descalços na calçada? Em Phoenix?

— Sim.

— Mas *por quê*?

— Eis a questão — Yusuf interveio. — E aposto que, na hora, Mei Li e Mike sequer conseguiam enunciar o motivo. Apenas sabiam que era a coisa certa.

— Mas não faz nenhum sentido — Lou replicou. — Ela não quis os sapatos deles. Tudo que fizeram foi se castigar.

— Na verdade, Lou — Yusuf respondeu —, aquilo faz total sentido. E, embora eles se sacrificassem, com seu ato conseguiram algo muito importante.

— O quê, então? O que conseguiram?

— Muita coisa!

— Fala sério, o que conseguiram? — Lou persistiu. — Qual o benefício de tirarem os sapatos?

— Não se trata tanto do benefício realizado — Yusuf respondeu — mas do benefício provocado.

— Tudo bem: então que benefício isso provocou?

Yusuf olhou para Mei Li e Mike.

— Gostariam de falar sobre isso?

— Claro — Mei Li respondeu. Ela olhou para Lou. — Não sei direito qual benefício provocou, Sr. Herbert — ela começou.

Como ela sabe quem eu sou?, Lou se perguntou.

— Mas eu sei o que aconteceu com Jenny — ela continuou. — Decidiu por conta própria participar do programa. Aposto que vocês não previram isso.

— Não — Lou concordou, com um olhar de espanto. — Não posso dizer que tenha previsto. — Depois acrescentou: — Como foi que isso aconteceu?

— Bem, após algumas horas fomos parar num centro comercial. E Jenny correu ao encontro de uma de suas amigas. Começou a contar o que seus pais fizeram com ela e sobre esse programa em que tentaram colocá-la. Mencionou que trabalhávamos também para o programa e que a vínhamos seguindo quase o dia inteiro. A amiga olhou então para os nossos pés, que estavam sangrando, e fez a mesma pergunta que o senhor acabou de fazer, Sr. Herbert. Ela disse: "Descalços? Vocês estão correndo pela cidade descalços?"

"Sim", Jenny respondeu, dando uma risada. A amiga então olhou para nós e de volta para Jenny e aí disse: "Sei lá, Jenny, esse programa parece maneiro. Você deveria tentar fazer." Após aquilo, conversamos mais um pouco, até que a amiga teve que ir. Depois que ela foi embora, Jenny voltou-se para nós e disse: "O.k., contem mais sobre esse Camp Moriah." Respondemos tudo que ela queria saber. Contamos sobre Yusi e Avi, sobre a natureza selvagem para onde vamos, e como nos alimentamos dos produtos da terra, e como isso é divertido e interessante... Libertador, realmente. Ela não acreditou que pudesse ser libertador. — Mei Li riu. — Mas ficou ouvindo. E, após um tempo conversando conosco, sabem o que ela disse?

O grupo ficou esperando pela resposta.

— Ela disse: "O.k., eu vou." Só isso. Ela não estava empolgada, com certeza. Mais resignada do que qualquer outra coisa, eu acho. Mas estava disposta. E aí, no trajeto de volta para cá juntos, antes de entrarmos no estacionamento, ela disse: "Me desculpem por todas as coisas que eu disse para vocês hoje. E pelos seus pés." Estava realmente arrependida. Eu sei, porque vi as lágrimas nos seus olhos. Então, Sr. Herbert, o fato de tirarmos os sapatos contribuiu para que Jenny esteja agora segura e bem-disposta na trilha? Não sei exatamente. Vocês teriam que perguntar a Jenny. Mas de uma coisa tenho certeza: sei o que tirar os sapatos significou para mim. Foi uma maneira de aderir ao mundo de Jenny, algo que sempre tentamos fazer aqui. É uma forma de criar espaço para ajudar as pessoas a saírem de dentro da caixa. Assim, por exemplo, quando pegamos a trilha com os jovens tendo apenas um pacote de comida e um poncho, nós também só temos um pacote de comida e um poncho.

— A não ser — Mike interveio — que, por razões de segurança, precisemos de algo mais: um rádio, por exemplo, ou um kit de primeiros socorros.

— Certo — Mei Li concordou. — Existem essas diferenças. Mas nós as minimizamos. Porque se a moçada só tivesse farinha de milho para comer, por exemplo, mas eu pegasse uma barra de chocolate para mim, como eu os estaria tratando? Ou se eles tivessem que dormir no chão e eu tivesse um colchão inflável, como eu os estaria tratando?

— Como objetos — veio a voz grave de Miguel, surpreendendo quase todos na sala.

— Certo — Mei Li concordou. — Eu estaria me vendo como melhor e mais merecedora do que eles. Portanto, como vocês acham que eu os estaria induzindo a me verem e tratarem?

— Da mesma maneira — Miguel voltou a responder.

— Exatamente — Mei Li respondeu. — Participar das privações ajuda os jovens na medida em que nos ajuda a não convidarmos seus corações a entrarem em guerra. Portanto, Sr. Herbert — Mei Li continuou, voltando a olhar para Lou —, aquilo fez diferença para Jenny? Não sei. Mas fez diferença para mim. Ajudou-me a manter um coração em paz. E acho que isso pode ter feito diferença para ela também.

Lou ficou impressionado. Ali estava uma garota de 20 anos, que provavelmente saíra da escola menos de dois anos antes e fora uma delinqüente no passado, mas parecia ter um controle sobre a vida que o próprio Lou sabia que ainda não alcançara.

— Obrigado, Mei Li e Mike — Yusuf agradeceu.

Voltando-se para o grupo, acrescentou:

— Acreditam agora que seus filhos estejam em boas mãos?

— Eu diria que sim — Gwyn respondeu, com os outros acrescentando sentimentos semelhantes.

— Obrigado — Lou assentiu com a cabeça para Mei Li e depois para Mike.

— De nada.

— Muito bem — Yusuf continuou, depois que os dois deixaram a sala. — Vocês conheceram a nossa arma secreta: os jovens aqui de Camp Moriah que operam milagres nas vidas de seus filhos. Gostaria de discutir uma conclusão que podemos tirar do que eles acabaram de nos ensinar. A maioria das guerras entre indivíduos é do tipo "frio", e não "quente": ressentimentos prolongados, por exemplo, rancores antigos, recursos monopolizados em vez de compartilhados, ajuda negada. Esses são os atos de guerra que mais ameaçam os nossos lares e locais de trabalho. E os princípios que Mei Li revelou se aplicam a esses ambientes tanto quanto aqui, na trilha com seus filhos. Pensem nos seus locais de trabalho, por exemplo. Pensem nos privilégios que tentamos garantir para nós enquanto aplicamos outros padrões aos nossos colegas de trabalho: a marcação das férias, por exemplo, a escolha da melhor vaga no estacionamento, as mordomias especiais, a notoriedade, as diferenças entre o que nós precisamos fazer para que algo aconteça e o que todos os outros na organização precisam. Quais desses privilégios são necessários e inevitáveis e quais deles nós conservamos porque nos julgamos melhores do que os outros, mais importantes e merecedores de tratamento especial?

— Mas e se você for? — Lou desafiou, embora em tom cordato.

— Você quer dizer mais importante?

— Sim.

— Então eu começaria a refletir sobre quais privilégios especiais são vitais ao desempenho de minha função e quais mordomias são simplesmente caprichos pessoais. Em outras palavras, quais são as barras de chocolate e quais são os rádios e kits de primeiros socorros.

— Mas por que questionar isso? — Lou reagiu. — Se trabalhei a vida inteira para chegar aonde cheguei, não deveria aproveitar minha posição?

Yusuf sorriu, claramente apreciando o diálogo.

— Sim, Lou. Com certeza. Esse é o ponto principal, porque todos os outros também querem aproveitar os frutos de seu trabalho. A questão para você, como líder, é se irá criar um ambiente que seja agradável para o seu pessoal como é para você: um lugar que os empolgue e ao qual se dediquem como você. Os melhores líderes são aqueles que as pessoas querem seguir. Temos uma palavra diferente para pessoas que os outros seguem porque precisam ou são obrigadas. Nós as chamamos de tiranos.

Tiranos. A palavra ecoou, desagradável, no ouvido de Lou, pois foi assim que um dos executivos demitidos por ele, Jack Taylor, o tinha chamado. *Cory sem dúvida diria o mesmo,* Lou refletiu.

O que Lou não contou foi que ninguém que visitasse a Zagrum teria a menor dúvida sobre qual era o carro de Lou, a sala de Lou, a escrivaninha de Lou, os móveis de Lou. E Lou certamente seguia um conjunto de regras diferente do resto. Os outros precisavam de sua aprovação para qualquer despesa superior a 2 mil dólares, por exemplo. Ele, por outro lado, podia gastar o que quisesse sempre que quisesse. *Mas eu sou o chefe!* Ele se defendia.

— Então o que você está dizendo, Yusuf? — ele desafiou. — Que não mereço nada extra por tudo que fiz? Vamos e venhamos, eu construí a empresa.

— Sozinho?

— Como?

— Você construiu a empresa sozinho?

— Não, não foi isso que quis dizer.

— Não? Foi o que você disse.

— Bem, não foi o que eu quis dizer — Lou lutou para achar as palavras certas. — Quero dizer que dirigi a construção. Não teria acontecido sem mim.

— Sem dúvida, você está certo, Lou. Portanto, eis a questão: o que é mais importante para você – exibir seu alto e merecido status ou desenvolver uma equipe e uma organização que sobreviverão a você, ultrapassarão você, crescerão além de você e acabarão lhe agradecendo e o reverenciando? O que você quer, Lou?

A pergunta levou Lou de volta ao motim na sala da diretoria. Kate Stenarude, Jack Taylor, Nelson Mumford, Kirk Weir e Don Shilling — Lou escreveu seus obituários naquela manhã, e talvez também o obituário de sua "cria", a Zagrum. *Quem é que eu estou enganando?* Ele se provocou. *Estamos em decadência. Ninguém irá me agradecer, menos ainda me reverenciar. Essa devoção está reservada a Kate.*

Kate. Subitamente, seu nome assumiu um significado novo. *Ela era como as outras pessoas,* Lou pensou. *Por isso todos gostavam dela. E a seguiam. Ela não se achava melhor: mais afortunada, talvez, mas não melhor.*

— Estou ferrado — Lou revelou em voz alta, sacudindo a cabeça. — Estou ferrado.

— Como? — Yusuf disse.

— Acabei de demitir a pessoa-chave na minha empresa — Lou começou, com os olhos vidrados enquanto falava —, que fazia questão de seguir as mesmas regras dos outros. Tratava todos do mesmo jeito. Às vezes me enlouquecia a atenção que ela dispensava ao pessoal, até mesmo aos trabalhadores temporários. — Lou fez uma pausa. — Cheguei a flagrá-la ajudando os faxineiros a limpar a cantina, num dia em que havia pouca gente. Não pude acreditar. Achei que ela estava desperdiçando seu tempo e meu dinheiro. Mas eles a adoravam por isso — ele disse, balançando negativamente a cabeça, ao se dar conta de seu erro. — Ela sempre fazia questão de parar o carro nos fundos do estacionamento. Alegava que precisava fazer exercício. Fiquei com um monte de pessoas como eu, que acham que merecem o melhor. Desde que demiti Kate e os outros, vivemos em crise. Os funcionários me deixaram numa sinuca, todos estão preocupados, a nossa produção caiu, os nossos clientes se perguntam o que está acontecendo. E aqui estou no Arizona, em parte porque preciso estar aqui, em parte porque não tenho nenhuma idéia de como resolver a confusão que se instalou na minha casa. E agora me ocorre: a confusão está em mim. É o que vocês estão dizendo aqui: a confusão está *em mim*.

— Na verdade, você é que está dizendo — Yusuf observou sem muita ênfase. — Eu não disse isso.

— Tudo bem, eu digo isso — Elizabeth caçoou.

Lou estava perdido em seus pensamentos.

— Não admira que todos adorassem e seguissem Kate — ele continuou, praticamente para si mesmo. — Droga, cometi um tremendo erro.

— E o que você vai fazer agora?

— Não sei — ele respondeu, honestamente.

— Talvez Kate possa dar uma sugestão — Yusuf disse.

— Mas eu a despedi. Ela não está mais comigo.

— Pelo contrário, Lou, ela nunca esteve tanto em sua cabeça como agora. Você pode tê-la despedido da empresa, mas não conseguiu despedi-la de sua mente. Estou errado?

— Não, você está certo — ele respondeu, desabando na cadeira.

— Existe um motivo para Kate ser adorada — Yusuf continuou —, um motivo pelo qual as pessoas a seguiam e trabalhavam para ela. E, pelo que ouvi sobre Kate, suspeito que eu sei qual era.

— Qual?

— Algo que uma de nossas Kates, Mei Li, acabou de nos ensinar. Kate criou um espaço para o pessoal na Zagrum semelhante ao espaço que Mei Li ajudou a criar para Jenny. Como Mei Li, aposto que, quando Kate vinha trabalhar a cada manhã, tirava os sapatos, ou qualquer que seja seu equivalente na sua empresa. Num ambiente geralmente apreensivo e egoísta, ela criou um espaço onde as pessoas pudessem esquecer suas preocupações e prosperar.

Yusuf esperou, enquanto Lou refletia a respeito.

— Estou certo? — ele enfim perguntou.

— Sim — Lou respondeu, com sua mente agora bem longe, num prédio em Connecticut. — Você está.

18 • *Rendição*

Yusuf abaixou a cabeça para interceptar o olhar distante de Lou.

— Conheço esse olhar — ele disse. — É como eu fico quando não tenho mais esperança de que as coisas possam melhorar. É o olhar de desespero e rendição.

Lou ouviu aquilo e refletiu.

— Sim, suponho que seja como estou me sentindo — admitiu.

— É um sentimento sedutoramente poderoso — Yusuf continuou —, esse sentimento de rendição desesperada. Mas é uma farsa.

Lou subitamente despertou.

— Como assim?

— Porque pressupõe algo que não é verdade.

— O quê?

— Pressupõe que você esteja num beco sem saída, condenado a continuar sofrendo.

Aquela era exatamente a sensação de Lou. Ele voltou a afundar na cadeira.

— Um momento atrás, Lou — Yusuf começou —, você declarou que a confusão estava em você. Não nos outros, mas em você.

— E isso deve fazer com que eu me sinta melhor? — Lou perguntou, desesperado.

— Não — Yusuf respondeu —, mas deve lhe dar esperança.

— Como assim?

— Porque, se a confusão estiver em você, você poderá consertá-la. A solução não dependerá dos outros.

— Mas e se a confusão não for puramente minha? — Lou retrucou com tristeza. — E se as pessoas à minha volta estiverem tão confusas como eu?

Yusuf não pôde se conter.

— Então você está com um problema enorme. — Ele riu alto. – Mas, mesmo que seja verdade que todos na Zagrum estão numa tremenda confusão, ainda há esperança.

— Como você sabe?

— Porque seu desespero está sendo provocado por outra mentira. Você está pressupondo que não pode fazer nada para mudá-los.

— Mas isso é verdade — Lou replicou. — Não posso mudá-los.

— Você entrega os pontos cedo demais. — Yusuf sorriu. — Embora seja verdade que não podemos *obrigar* os outros a mudar, podemos *induzi-los* a mudar. Afinal, Mei Li não ajudou a mudar Jenny?

Lou refletiu sobre a história de Mei Li.

— Acho que sim.

Yusuf fez uma breve pausa.

— Como cada um de nós é responsável por sua caixa de autojustificação, é possível livrar-se dela. E, ao sair de nossas caixas, podemos começar a induzir os outros a fazer as mudanças necessárias. Na verdade, é assim que agem os melhores líderes e pais. Portanto, se você se rende, Lou, está se rendendo a uma mentira. Sua caixa vencerá.

— Então como? — Lou perguntou. — Como posso combater essa situação onde estou?

— Do mesmo jeito que Avi combateu a sua e eu estou combatendo a minha.

— Como? — Lou repetiu.

— Acho que seria bom ouvir mais da história de Avi — Yusuf sugeriu.

Ao ouvir aquilo, Avi voltou a se levantar.

— Portanto — ele recomeçou —, voltemos ao sertão do Arizona, no verão de 1978.

Lou ouviu enquanto Avi contava seu primeiro encontro com Yusuf, as batalhas iniciais, a raiva de Avi com tudo à sua volta: os morros, os rios, as árvores, a terra.

— Mas tudo começou a mudar para mim — Avi continuou — durante uma conversa com Yusuf, altas horas da noite, sob um céu claro e estrelado. O programa já durava duas semanas, e eu mal falara uma palavra com alguém. "Veja bem", Yusuf me disse, enquanto eu estava deitado de costas, contemplando as estrelas. "É o mesmo céu noturno que vemos de Jerusalém." Hesitei. Mas aí eu disse: "Sim, a Ursa Maior, a Estrela Polar. Eu me lembro do meu pai me ensinando sobre elas." Em seguida, recordo que Yusuf se sentou ao meu lado. Essa deve ter sido a primeira vez que não fugi dele. Ele disse: "Fale-me sobre seu pai, Avi." E recordo que comecei a contar um monte de lembranças de minha infância: como meu pai me levava para passear todos os dias, desde que eu era pequeno, como ele me relatou a história de nosso povo, como ele jogava futebol comigo no parque, como ele sempre preparava o café da manhã aos sábados, como eu adorava viajar com ele em seus serviços de topografia, como ele lia histórias para mim antes de dormir. Foi como se uma represa se rompesse dentro de mim e as lembranças jorrassem. Todo o meu amor por meu pai, a dor de sua perda e a tristeza de não tê-lo mais na minha vida irromperam pela caixa que vinha confinando meu coração. Meu peito arfava por causa da dor que eu sofrera e do que eu estava então subitamente recuperando: um desejo imenso de estar com meu pai. Yusuf simplesmente permaneceu sentado comigo, ouvindo. Embora não pudesse saber, estava agindo como uma espécie de substituto do meu pai, naquela noite. Se eu não podia estar com meu pai, ao menos era bom estar com *alguém* após quase cinco anos isolado do mundo. Aquilo foi o princípio de minha cura. E serei para sempre grato por ter acontecido a convite de um árabe. Pois a culpa que eu jogara sobre o povo árabe pela morte de meu pai tornou-se mais difícil de sustentar depois que um árabe me reapresentou ao meu pai.

Avi fez uma pequena pausa.

— Quando acordei na manhã seguinte, me juntei aos outros e ajudei a preparar o café. Foi um novo começo para mim. Levantamos acampamento e começamos nossa jornada diária pelo mato. Lembro bem a caminhada daquela manhã, porque foi o primeiro dia na trilha que me permiti aproveitar. Nos dias seguintes, as lembranças de outra pessoa afluíram: Hamish. Que bom amigo ele tinha sido, tão gentil e puro! E eu, tão injusto! Ele viera me visitar num momento de grande perda, sabendo como a minha dor devia ser profunda e querendo me ajudar a suportá-la. Ele veio como um anjo consolador e um amigo, e eu o expulsei.

Avi levantou a mão e enxugou as lágrimas do rosto.

— E, como se isso não bastasse, eu o difamei, com todas as palavras odiosas que conhecia. Culpei-o pela morte de meu pai. A ele! O portador da misericórdia e do amor. O jovem perplexo, dividido entre duas nações: nascido árabe e cidadão israelense. O rapaz cujos irmãos de sangue estavam atacando seu país, quando talvez precisava de mais consolo, veio oferecer seu consolo para mim e recebeu agressão em troca de sua bondade: agressão mesquinha e repulsiva. *Oh! Hamish!* Eu chorava interiormente enquanto caminhava. *O que poderei fazer para recompensá-lo: para devolver com atraso e na mesma moeda a sua dádiva, para ajudar a suportar a dor que lancei sobre você e para apagar a amargura que inevitavelmente provoquei?*

Avi voltou a enxugar as lágrimas do rosto.

— Essa questão me dominou durante as caminhadas dos dias seguintes. Em outra noite clara, cerca de 10 dias depois, voltei a me sentar com Yusuf. Dessa vez contei sobre meu amigo Hamish e minha violenta rejeição. A narrativa agiu como uma catarse, já que eu jamais proferira uma palavra sobre aquilo para ninguém, até aquele momento. Eu passara os últimos dias rememorando os acontecimentos em minha mente, mas continuava escondendo aquilo, pois não estava disposto a revelar a outra pessoa a minha transgressão. A confissão se mostrou parte da cura. Parte, mas não toda. Pois a confissão alimentou dentro de mim a semente que vinha tentando se consolidar e crescer: ao contar a história, eu sabia que, naquele caso, não bastava me sentir arrependido. Vendo Hamish como via antes, senti o desejo e a necessidade de contatá-lo. "O que posso fazer por ele?", perguntei a Yusuf. "Você sente necessidade de fazer algo por ele?", ele perguntou. "Sim, é o que meu coração está dizendo", respondi. "Trata-se da sua vida, do seu amigo e do seu coração. Não posso dizer o que você deve fazer. Talvez deva refletir sobre a questão nas caminhadas dos próximos dias", Yusuf sugeriu, como que lendo meus pensamentos. Foi o que fiz. Na terceira manhã, topamos com uma planta espetacular chamada babosa-brava. Sua haste tinha quase 10 metros de altura. A babosa-brava vive de 15 a 25 anos, mas só desenvolve uma haste e flores no último ano de vida. A energia consumida para formar a haste acaba matando a planta. Quando a haste cai, ela despeja sementes no solo, dando vida a uma nova geração. A natureza efêmera da haste e sua determinação em crescer, de um solo rochoso e seco, em direção ao céu, sugerem esperança. Devido às sementes que cria, cada haste que se eleva oferece ao deserto a promessa de vida futura. Ao topar com uma babosa-brava em plena floração, algo me tocou: eu recebera a dádiva de um amigo único na vida; um amigo e uma amizade que tinham florescido, apesar da dificuldade do ambiente onde vivíamos. Mas, antes que pudesse amadurecer e lançar suas flores em direção ao céu, como um sinal de esperança para o deserto, eu golpeara suas raízes e a condenara à morte. Diante de mim elevava-se um símbolo: aquela planta agora se erguia como Hamish e eu poderíamos ter nos erguido, se eu não o abandonasse. Estiquei o braço até um dos ramos mais baixos e apanhei uma semente. Embrulhei a semente, simbolizando tanto o que eu tinha matado como o que eu esperava que ainda pudesse ganhar vida, e guardei no bolso. Naquela noite, abri meu coração numa carta a Hamish, pedindo desculpas por minha crueldade e pela dor que inevitavelmente causara. Ofereci a semente como um símbolo do que tivemos no passado e do que eu esperava que pudéssemos recuperar. Eu não sabia se Hamish e sua família ainda moravam na mesma casinha, mas aquele endereço era minha única ligação com o nosso passado em comum. O correio semanal chegou no nosso acampamento dois dias depois. Minha carta com a semente da babosa-brava começara sua viagem dos solos desérticos do Arizona para os desertos do Oriente Médio, esperando encontrar um jovem árabe palestino ainda com boa saúde e conservando um espírito não irremediavelmente danificado pela violência de alguns anos antes.

Avi fez uma pausa.

— Então o que aconteceu? — Gwyn perguntou. — Teve notícias de Hamish?

— Não — ele respondeu. — Nunca recebi notícias dele.

Um suspiro perpassou pela sala, pois aquele não era o final da história que esperavam ou desejavam.

— É triste — comentou Gwyn. — Sabe o que aconteceu com ele?

— Sim. Soube que sua família se mudou, cerca de dois anos depois que cheguei aos Estados Unidos. Mudaram-se para o norte de Israel, para uma cidade chamada Maalot-Tarshiha. Mas ele foi morto uns cinco anos depois. Foi um dos civis mortos pelos ataques de foguetes lançados do Líbano, antes da Guerra do Líbano de 1982.

— Oh! Que triste! — Gwyn murmurou.

— Sim — Avi assentiu com a cabeça enquanto olhava para o chão.

— Será que ele recebeu sua carta?

Avi fez um sinal de não com a cabeça.

— Não sei. Não há como saber. — Voltou a olhar para o grupo. — Eu só soube de seu destino após sua morte.

— Que pena se ele não recebeu a carta — Carol disse.

— Sim — Avi concordou, com o sofrimento estampado no rosto. — Penso nisso o tempo todo: na dor que lhe causei e se minha carta o ajudou a aliviá-la.

— Mas escrever a carta ajudou *você* — Pettis consolou.

— Ajudando a curar meu próprio coração? — Avi perguntou.

— Sim.

— Você está certo — ele concordou. — Mesmo que a carta não tenha atingido Hamish, ela me atingiu. É verdade. Foi para mim uma expressão externa de uma recuperação interna da amizade. Hamish pode não ter recebido, mas, ao escrevê-la, enfim eu o recebi e comecei a receber outros como ele.

— Você quer dizer como os árabes? — Gwyn perguntou. — Como Yusuf e os outros?

— Sim. E americanos e judeus e minha família e a mim mesmo: todos aqueles contra os quais eu declarara guerra. Pois, veja bem, cada rosto humano inclui todos os outros. O que significa que ofendo meu próprio rosto a cada nariz que desejo quebrar. Quando nos separamos dos outros, é a nós mesmos que prejudicamos.

19 • *Localização da paz interior*

— Lou — Avi disse —, alguns minutos atrás você perguntou como sair das caixas em que se encontra: da acusação, da autojustificação, da guerra interna, do atoleiro aparente.

— Sim — Lou respondeu.

— Na história que acabei de contar, gostaria de realçar o que acredito ser a chave de minha libertação do cativeiro de minhas próprias caixas: o processo de saída da caixa, por assim dizer.

Lou fez um gesto de curiosidade com a cabeça.

— Antes de mais nada — Avi começou —, é preciso perceber que, como a caixa não passa de uma metáfora de minha relação com outra pessoa, posso estar dentro e fora da caixa ao mesmo tempo, só que em direções opostas. Ou seja, posso ser acusador e justificador em relação à minha mulher, por exemplo, mas estar vivendo sem problemas em relação a Yusuf, ou vice-versa. Dadas as centenas de relacionamentos que tenho em qualquer momento, mesmo que eu esteja no fundo de uma caixa em relação a uma pessoa, estou quase sempre fora da caixa em relação a outra.

— O.k. — Lou disse, pensativo, em dúvida sobre a importância daquilo.

— É por isso — Avi continuou — que conseguimos reconhecer que estamos na caixa, para início de conversa. Quando observamos que estamos em conflito, é porque estamos observando que nossos sentimentos e visões diferem conforme a direção. Somos capazes de reconhecer a diferença porque ela está dentro de nós. O que significa dizer que temos partes fora da caixa: relacionamentos e lembranças não distorcidos pela acusação e pela autojustificação.

— O.k. — Lou disse —, mas o que isso tem a ver com a saída da caixa quando nos sentimos presos?

— Tem a ver porque significa que não estamos presos.

— Ahn?

— Pense naquela noite com Yusuf sob as estrelas — Avi continuou. — Acabei tendo uma série de lembranças sobre meu pai que estavam fora da caixa. Depois que me permiti chegar a essas lembranças, muitas coisas começaram a parecer diferentes.

— Você podia ter chegado a essas lembranças a qualquer momento nos cinco anos anteriores, mas evidentemente não chegou — Lou observou. — O que o levou a fazê-lo *naquela* noite?

— Uma boa pergunta — Avi respondeu. — Fiz a mesma pergunta a mim mesmo várias vezes.

— E...?

— E acho que a resposta está nas idéias narradas por Mei Li e Mike, idéias embutidas nos esforços de Yusuf comigo e com os outros participantes do curso de sobrevivência. Lembra como Mei Li falou da importância de fazer todo o possível para criar um ambiente favorável à paz? Esse é um de nossos preceitos aqui. O que mais me ajudou a avançar foi encontrar um lugar fora da caixa, um ponto de observação dentro de mim. E Yusuf me ajudou a criar esse lugar fora da caixa.

— E como ele fez isso?

— Quando ele me abordou naquela noite sob as estrelas, a conversa jamais se desenrolaria daquele jeito se eu me sentisse acusado devido ao meu comportamento nos dias anteriores. Eu agi como Jenny, e Yusuf agiu como Mike e Mei Li. Eu procurava ofensas reais e imaginárias. No entanto, quando as ofensas reais diminuem, fica cada vez mais difícil continuar criando essas ofensas na própria mente. Apesar de minha resistência inicial em relação a Yusuf, ele não revidou resistindo a mim. Ele ajudou a criar para mim, por assim dizer, um lugar fora da caixa, um ponto de observação do qual eu pudesse refletir sobre a minha vida de uma maneira nova, livre da acusação e da autojustificação. Desse modo, eu fiquei livre para ver um passado diferente, um presente e um futuro também diferentes. Livre das limitações e distorções da caixa.

Avi se dirigiu ao quadro e escreveu estas palavras:

RECUPERAÇÃO DA CLAREZA INTERIOR E DA PAZ (QUATRO PARTES)

Saída da caixa

1. Procurar sinais da caixa (acusação, justificação, satanização, estilos das caixas comuns, etc.).
2. Encontrar um local fora da caixa (relacionamentos, lembranças, atividades, locais, etc. fora da caixa).

— Primeiro — disse Avi, virando as costas para o quadro —, devo ir em busca dos sinais de que possa estar em conflito. Posso ir em busca de sinais das diferentes caixas comuns, por exemplo, das maneiras pelas quais eu me sinto superior, ou merecedor, ou inferior, ou preocupado com a imagem. Depois, quando me sinto preso e desejo sair, posso encontrar um local fora da caixa, um local dentro de mim não afetado por essas justificativas.

— Foi o que você achou naquela noite com Yusuf? — Lou perguntou.

— Sim, e nas lembranças posteriores do meu pai.

— Mas e se eu não estiver numa trilha com Yusuf? — Lou perguntou seriamente. — Como achar um local fora da caixa, se estou no meio de um fogo cruzado?

Nessa altura, o objetivo de Lou não era mais fazer perguntas capciosas para Avi. Ele simplesmente sabia, com base na experiência passada, que tudo que estava aprendendo provavelmente seria apagado e esquecido ao primeiro sinal de dificuldade. Sua conversa com John Rencher na hora do almoço da véspera tinha sido um importante sinal disso. Ele queria encontrar alguns pontos de apoio para si mesmo, coisas que pudesse lembrar e às quais pudesse se agarrar, quando sentisse as paredes da caixa se erguendo à sua volta.

— Na verdade — Avi respondeu —, como todos temos dentro de nós locais fora da caixa, encontrar um não é difícil, contanto que nos lembremos de procurar. Por exemplo, você poderia tentar identificar as pessoas com quem costuma estar fora da caixa. Os nomes virão à cabeça, e simplesmente pensar nas suas experiências com essas pessoas pode levá-lo a um ponto de observação do qual o mundo pareça diferente do que parecia no momento anterior.

Lou assentiu com a cabeça para si mesmo. Sua filha mais velha, Mary, exercia exatamente esse tipo de influência sobre ele. Sua mera presença parecia acalmá-lo. Eles se relacionavam assim praticamente desde o dia do nascimento da menina. Ele costumava levá-la para passear, para desanuviar a cabeça após um dia cansativo, e eles desenvolveram um vínculo. Quando ela era criança, ele lia histórias para ela todas as noites, e a ligação entre os dois continuava firme. Seu filho Jesse já não tinha a mesma influência tranqüilizadora. Lou sempre exigira muito dele, na escola ou nos esportes, resultando daí um relacionamento com uma espécie de intensidade competitiva. Mesmo assim, Lou sentia um forte orgulho de Jesse. Seria aquele também um local fora da caixa? Não tinha certeza.

— Se vocês precisassem — Avi acrescentou —, poderiam telefonar para uma dessas pessoas, ou procurá-la pessoalmente, para uma simples conversa, ou mesmo para pedir ajuda. Ou poderiam tentar pensar nas pessoas que tiveram mais influência positiva em suas vidas e por quê — ele continuou.

Lou subitamente viu-se pensando em Carol e na sua influência permanente e dedicada.

— Com freqüência — a voz de Avi continuou —, a simples lembrança dessas pessoas pode levá-los a um ponto de observação diferente. Ou talvez tenha havido um momento em que alguém os tratou com bondade, especialmente quando vocês não mereciam.

Lou lembrou-se da reação do seu pai quando deixou o carro novo cair dentro do rio Hudson.

— Essas lembranças podem me ajudar quando constato que estou em conflito, atacando alguém que não acho que mereça ser bem tratado — Avi disse. — Ou uma atividade ou lugar que tenha esse efeito. Talvez um local que traga de volta as lembranças de quando tudo ia bem, por exemplo. No meu caso, descobri que a música de Frank Sinatra, por incrível que pareça, me leva a um lugar fora da caixa! Ela exerce esse efeito sobre mim, acredito, porque comecei a ouvir Sinatra quando embalava minha filha mais nova, Lydia, na hora de dormir. Assim, para mim Sinatra traz de volta as lembranças daquele tempo, lembranças sem carga negativa, que me dão a chance de pensar e sentir mais claramente no presente. Isso tudo soa meio trivial e óbvio, mas a maioria das pessoas que tenta encontrar um caminho para fora do conflito nunca pensa em fazê-lo. Presas na amargura, elas não lembram que têm acesso a lugares assim a cada momento. Quando encontramos o caminho, estamos prontos para o próximo passo no processo de saída da caixa. Quando encontramos espaço fora da caixa, podemos refletir sobre nossas situações difíceis de uma perspectiva de paz e clareza.

Avi acrescentou um terceiro item ao processo que vinha esboçando no quadro.

RECUPERAÇÃO DA CLAREZA INTERIOR E DA PAZ (QUATRO PARTES)

Saída da caixa

1. Procurar sinais da caixa (acusação, justificação, satanização, estilos das caixas comuns, etc.).
2. Encontrar um local fora da caixa (relacionamentos, lembranças, atividades, locais, etc. fora da caixa).
3. Refletir de novo sobre a situação (ou seja, dessa perspectiva fora da caixa).

— O que significa refletir de novo sobre a situação? — Pettis quis saber. — E como fazê-lo?

— Posso falar sobre isso, Avi? — Yusuf pediu.

— Claro, por favor.

Yusuf veio para a frente.

— Quer saber o que significa? Significa que, uma vez que você encontre um ponto de observação fora da caixa, está em condições de ter pensamentos novos sobre situações que o atormentaram ou atormentam. Como você pensará neles de uma perspectiva nova, será capaz de acessar idéias que podem ter escapado enquanto você tentava pensar na situação de dentro da caixa. Avi encontrou esse tipo de perspectiva sob um céu estrelado. Depois de acessar esse lugar, um ponto de observação interno onde a paz permaneça, você pode começar a refletir de novo sobre os seus desafios.

— Mas como? — Pettis perguntou.

— Aprendendo a formular certas perguntas.

— Quais perguntas?

— Perguntas que comecei a aprender num parque de Connecticut — Yusuf respondeu. — Quando bombas de gás lacrimogêneo estavam explodindo à minha volta.

— Connecticut — Lou perguntou interessado, pois morava lá. — E gás lacrimogêneo?

— Sim — Yusuf respondeu. Olhou contemplativamente para o grupo por um momento. — Avi contou a história da sua vinda para os Estados Unidos. Talvez esteja na hora de eu contar a minha. Como vocês lembram, contei que fui parar em Belém quando a Jordânia anexou a Cisjordânia. Comecei a aprender inglês mais ou menos aos 8 anos, em 1951. Ao contrário de Avi, eu não tinha nenhum amigo do outro lado da barreira étnica. Na verdade, passei grande parte da adolescência sonhando em vingar o assassinato de meu pai. Esse desejo encontrou solo fértil onde brotar, pois uma espécie de febre nacionalista começou a arder no povo palestino nas décadas de 1950 e 1960. Em 1957, aos 14 anos, ingressei num movimento denominado Jovens Leões pela Liberdade. Aquele grupo era um ramo informal das associações de estudantes palestinos que começaram a surgir nas universidades da região. Os estudantes mais jovens, querendo participar das causas dos mais velhos, criaram organizações semelhantes. A nossa organização era uma delas, inspirada na associação de estudantes mais famosa, localizada na Universidade do Cairo e liderada por um estudante de engenharia chamado Yasser Arafat.

O nome provocou olhares de espanto.

— Sim, o próprio — Yusuf disse. — Rapidamente me distingui como um líder da organização. Com apenas 16 anos, fui convidado para um encontro no Kuwait com os líderes novos, dos quais Arafat era um dos mais importantes, de um movimento que se chamava Harakat At-Tahiri Al-Filistimiya, ou Movimento de Libertação Nacional Palestino, popularmente conhecido como Fatah. O objetivo da organização, declarado claramente nos documentos de sua fundação, era substituir totalmente o Estado de Israel por um Estado Palestino, por meio da revolução armada. Uma visão embriagante para um homem jovem com sede de vingança. Retornei do Kuwait ávido pelo aniquilamento de Israel. Uma questão de tempo: eu obteria minha vingança contra um povo inteiro. Estava eufórico de expectativa e felicidade. Minha mãe, porém, não compartilhou meus sentimentos. Desconfiava dos mensageiros que deixavam bilhetes em minha casa no meio da noite e começou a interceptar e destruir as comunicações. "Já perdi meu marido e não quero perder agora meu único filho!", gritava para mim. "A resposta à tragédia de Deir Yassin não é simplesmente imitar o inimigo. Você não atacará os israelenses sem que antes eles ataquem você!" "Mas foi o que eles fizeram, mãe", eu respondia. "Eles nos atacaram. Eles se aliaram ao Ocidente e estão reunindo o arsenal mais poderoso da região." "O que você entende de armas e política?", ela retrucava. "Você é uma criança, com a cabeça nas nuvens ou enterrada na areia. E, como meu filho, não ingressará na liga com esses bandidos noturnos", que era como ela chamava os mensageiros do movimento. "Então, como filho do meu pai, eu *vou*", contra-ataquei, sabendo que ela não podia fazer nada contra meu atrevimento. "Eu preciso." E foi o que fiz.

Yusuf fez uma pausa, observando os rostos perplexos de sua platéia.

— Comecei a agir como líder de célula do Fatah na área da Grande Jerusalém. Uma missão importante para um jovem. Ao longo dos anos conseguimos criar uma rede de mais de 5 mil *fedains* empenhados e leais. Sonhava com nossa vitória mesmo no meu reduzido papel. O aparente passo final para a vitória começou na primavera de 1967. Em meados de maio, o Egito mobilizou 100 mil soldados ao longo da fronteira sudoeste de Israel e declarou o fechamento do estreito de Tiran aos navios provenientes de Israel ou para lá destinados. Nasser, o presidente do Egito, anunciou então sua intenção de destruir Israel. Em reação, o mundo árabe foi acometido por uma espécie de histeria antecipada. As forças árabes de toda a região passaram a se mobilizar de todos os lados, de modo que, no final de maio, Israel se viu cercado por uma força de cerca de 250.000 soldados, 2.000 tanques e 700 aviões de guerra. Aderi a um batalhão que assumira uma posição estratégica em Latrun, um dos locais mais a oeste na Cisjordânia ocupada pela Jordânia. Latrun ficava na rodovia entre Tel Aviv e Jerusalém, a artéria principal de Israel, mas cercado por forças jordanianas nas cadeias ao norte e ao sul. Era uma posição-chave, de onde o corredor seria, primeiro, isolado do resto de Israel e, depois, capturado. Seria também o ponto focal do avanço da legião árabe pelas planícies costeiras, até Tel Aviv. Eu queria participar da erradicação do coração de Israel: tanto de Jerusalém Ocidental, controlada por Israel, como de Tel Aviv. Não havia lugar melhor do que Latrun. Mas vocês devem saber o que aconteceu. Avi já falou a respeito. Na manhã de 5 de junho de 1967, Israel lançou um ataque preventivo de surpresa contra os aviões e campos de aviação do Egito, dizimando-os por completo. Eliminaram também o poder aéreo jordaniano e sírio, deixando-nos sem proteção aérea. Logo depois recebemos ordem de invadir o território israelense. Mas nossas rotas de suprimento foram isoladas, e as montanhas que tinham sido nossa proteção a leste agora impossibilitavam nossa fuga. Antes do cair da noite, sabíamos que tínhamos sido derrotados. A Jordânia concordou com um cessar-fogo dois dias depois, e a guerra terminou com a vitória completa de Israel, apenas seis dias depois de começada. Quando voltei para minha casa em Belém, a Jordânia inteira tinha sido expulsa para o leste do rio Jordão. Israel capturara toda a Cisjordânia! Seguiu-se uma crise de confiança no mundo árabe. Um desespero amargo tomou conta do povo palestino quando os jordanianos recuaram para suas fronteiras. Fomos deixados para trás, nas mãos de quem víamos como nossos captores. Tínhamos sido abandonados e aprisionados de novo. A rede do Fatah lutou para manter a sua base sob a nova realidade, mas tínhamos perdido nossa confiança e, com ela, grande parte da esperança. Quaisquer que fossem as batalhas à frente, eu sabia que seriam bem mais longas do que imaginara. De qualquer modo, eu não teria um papel de destaque nelas. Assim, comecei a procurar outras batalhas. Batalhas que me libertassem da lembrança diária de nosso fracasso como povo e do ódio torturante que começava a dirigir aos meus próprios aliados, que afinal nos traíram e desperdiçaram a nossa grande oportunidade.

Yusuf fez uma pausa.

— Então para onde você se voltou? — Pettis perguntou. — Para que outras batalhas?

— Primeiro eu me voltei para outras nações árabes: Egito, Síria, Iraque. Procurei alguma causa pró-árabe à qual pudesse aderir. Algo com perspectiva. Algo que me desse algum tipo de esperança contra Israel.

— Então seu coração estava em guerra — Lou disse timidamente. — Você estava na caixa.

Yusuf olhou para ele e sorriu.

— Sim, Lou, com certeza. Numa caixa provavelmente maior e mais escura do que qualquer uma em que vocês já se sentiram tentados a entrar.

— Alto lá! — Lou advertiu. — Tenho uma caixa da superioridade. Não tente tornar a sua caixa maior do que a minha.

Todos na sala acharam graça.

Depois que os risos diminuíram, Elizabeth perguntou:

— Afinal você encontrou o que procurava? Encontrou outra batalha à qual se entregar no mundo árabe?

— Encontrei batalhas por toda parte — Yusuf respondeu. — Mas nenhuma que valesse a pena. Batalhas internas, na maior parte. Todos estavam manobrando para se apossar do poder no vácuo criado pela devastação da guerra.

— Então o que trouxe você aos Estados Unidos? — Pettis indagou.

— Assassinatos — Yusuf respondeu.

— Assassinatos? — Pettis repetiu.

— Sim. De John Kennedy, em 1963, e Malcolm X, em 1965. Suas mortes foram grandes manchetes no mundo árabe. Os Estados Unidos ainda não eram aliados tão fortes de Israel, e eu e meus colegas árabes nos voltamos para cá com certa esperança. Eu me identifiquei com a luta dos negros americanos. Malcolm X, como um colega seguidor do Corão, me intrigava, e eu conhecia algo sobre Martin Luther King. Eu estava interessado na revolução que parecia estar ocorrendo nos Estados Unidos. Com minha própria revolução em frangalhos, comecei a me voltar para o Ocidente. Menos de um mês após a guerra, estava planejando a viagem. Queria tentar estudar em Harvard ou Yale e obter um diploma.

— Ah! — Lou exclamou. — Essa sua caixa da superioridade de novo.

Yusuf riu.

— É possível. Por outro lado, aqueles eram os únicos nomes de universidades americanas que eu sabia. Um mês depois, tendo obtido os documentos, embarquei num avião em Amã com destino a Londres e depois a Nova York. Dali, me dirigi a New Haven, Connecticut, onde fica Yale. Eu tinha que encontrar um meio de ser aceito. Se não conseguisse, meu plano era prosseguir até Boston, para Harvard. Eu estava em New Haven havia menos de uma semana quando estouraram os conflitos raciais de agosto de 1967. Ignorando os avisos da polícia montada, que aconselhava todos a ir embora, fiquei observando os manifestantes negros sendo contidos pela polícia, que usava escudos e gás lacrimogêneo para conter a multidão. A comoção, embora forte, não era nada, se comparada àquilo com que eu me acostumara. Senti-me atraído pelo espetáculo.

Após uma breve pausa, prosseguiu:

— Foi aí que notei um homem negro que parecia igualmente atraído pela confusão. Estava entre os espectadores, brancos na maioria. Observei-o, curioso. Apesar do perigo do momento, ele permanecia estoicamente tranqüilo, não aderindo à raiva nem fugindo de medo. Seu rosto estava sério de preocupação. Aproximei-me dele para tentar entender a perspectiva negra do conflito, com a qual me identificava, sendo um árabe palestino oprimido. Ali lutavam o equivalente aos meus irmãos do Fatah. Se reconhecesse algum rosto na multidão, eu provavelmente teria me lançado contra as bombas de gás. Ao me aproximar do homem, minha intenção era me identificar com sua luta. "Quer dizer que os oprimidos estão reagindo", comentei quase indiferente. Meu tom de voz deve ter parecido estranhamente distante sob as circunstâncias. "Sim", o homem respondeu, sem desgrudar os olhos da cena, "dos dois lados." "Dois lados?", repeti com surpresa. "Como assim? Só vejo gás lacrimogêneo de um lado", desafiei. "Se você olhar com atenção", ele respondeu, "verá o desejo de gás lacrimogêneo dos dois lados." Lembro que olhei de volta para a multidão agitada, tentando entender o que ele quis dizer. "De onde você é?", ele perguntou, sem desgrudar os olhos da cena. "Jerusalém, Palestina", respondi. Ele nada disse. Voltei-me para o conflito. "Sei o que eles estão sentindo", comentei, olhando na direção dos manifestantes. "Então sinto pena de você", o homem disse. Fiquei perplexo. "Pena de mim? Por quê?" "Porque você se tornou seu próprio inimigo", ele respondeu, de forma tranqüila mas resoluta. "Porque quero revidar?", objetei. "Porque quero vingar o mal infligido a mim e meu povo?" Ele nada disse. "E se as circunstâncias forem tais que justifiquem meu desejo de gás lacrimogêneo?", repliquei, voltando ao seu comentário anterior. "Exatamente", ele disse. "Exatamente?", repeti confuso. "O que você quer dizer com isso?" "Você se tornou seu próprio inimigo." Assim começou meu treinamento como discípulo de Benjamin Arrig, ou Ben, como ele logo me pediu que o chamasse, um professor de filosofia cujas idéias mudariam a minha visão de mim mesmo, do mundo e dos outros — Yusuf continuou.

— O que aconteceu? — Lou quis saber.

— Durante um período de três anos, Ben derrubou por completo os pressupostos que eu considerava verdadeiros, preconceitos pessoais que eu acreditava que fossem reais. Primeiro me ensinou o conceito das caixas e depois como se pode ou não sair delas. Devido ao meu preconceito profundo contra os judeus, dedicou muito tempo ao tema do racismo e mostrou que ele também é um aspecto da caixa: da minha tanto quanto da de qualquer outra pessoa. "Se você vê as pessoas de uma raça ou cultura específica como objetos", ele me contou, "sua visão delas é racista, qualquer que seja sua cor ou falta de cor ou seu poder ou falta de poder." Mostrou-me que isso se aplica a todas as divisões, seja entre ricos e pobres, velhos e jovens, instruídos e ignorantes, religiosos e seculares, católicos e protestantes, xiitas e sunitas. "Quando você começa a ver os outros como pessoas", Ben ensinou, "as questões relacionadas a raça, etnia e religião começam a parecer diferentes. Você acaba vendo pessoas com esperanças, sonhos, temores, e até justificativas parecidas com as suas próprias." "Mas e se um grupo de pessoas está oprimindo outro?", perguntei certa vez a

Ben. "Então o segundo grupo tem que tomar cuidado para não se tornar também opressor. Uma armadilha em que é fácil cair", ele acrescentou, "quando existe a justificativa fácil da violência do passado." "Como esse grupo pode se tornar opressor se tenta simplesmente acabar com a injustiça?", perguntei. "Porque a maioria das pessoas que estão tentando acabar com a injustiça só pensa nas injustiças que acredita ter sofrido. O que significa que elas não estão realmente preocupadas com a injustiça, e sim consigo mesmas. Elas escondem seu foco em si mesmas atrás da justiça de sua causa externa."

Yusuf fez uma pausa e olhou para o grupo, antes de prosseguir.

— O que me traz de volta à pergunta de Pettis de como refletir de novo sobre as situações. As pessoas que Ben e eu observamos naquele dia no campus de New Haven pareciam mais preocupadas com seus próprios problemas do que com os dos outros. Não posso afirmar com certeza, porque não estava na pele delas, mas não me parece que levassem em conta os problemas daqueles contra os quais protestavam, por exemplo, aqueles cujas vidas estavam pondo em risco. Seria ótimo para elas e sua causa se começassem a pensar nos outros tanto quanto em si mesmas. Se conseguissem encontrar o caminho para um lugar fora da caixa, poderiam ter refletido de novo sobre suas situações, formulando uma série de perguntas.

Caminhando até o quadro e começando a escrever, ele disse:

— Como essas.

- Quais os desafios, dificuldades, problemas e dores dessa pessoa ou desse grupo de pessoas?
- Como será que eu, ou algum grupo do qual faço parte, estou aumentando esses desafios, dificuldades, problemas e dores?
- De que outras maneiras eu ou meu grupo negligenciamos ou maltratamos essa pessoa ou grupo?

- De que maneiras minhas caixas da superioridade, do merecimento, da inferioridade e da imagem estão obscurecendo a verdade sobre mim e os outros e interferindo nas soluções potenciais?
- O que sinto que devo fazer por essa pessoa ou grupo? O que poderia fazer para ajudar?

— Com a ajuda de Ben — Yusuf disse, ao se virar de novo para o grupo —, comecei a fazer essas perguntas, que me ajudaram a refletir novamente sobre minha situação. Durante a maior parte da vida, eu tinha sido consumido por meus próprios desafios, provações, opressão e dores, e os do meu povo. Nunca parara para pensar como o povo israelense também poderia se sentir oprimido, e como eu poderia ter aumentado a opressão que ele sentia, e como eu mesmo também maltratei e negligenciei. Quando comecei a fazer essas perguntas, o mundo começou a mudar para mim. Eu ainda via meus sofrimentos, mas era capaz de ver os sofrimentos dos outros também. E, vistos a essa luz, meus sofrimentos ganharam um novo sentido. Eles me deram uma janela para a dor que os outros poderiam estar sentindo, em parte por minha própria causa. Como eu não precisava mais me sentir justificado, também não precisei mais sustentar meus próprios sofrimentos e pude abandonar meu papel de vítima. Comecei a ter percepções e impulsos em relação aos israelenses que antes só sentia fracamente. Comecei a enxergar soluções potenciais para os nossos problemas que ninguém preso na caixa consegue ver. Passei a sentir esperança, quando antes sentia apenas raiva e desespero.

Ele continuou:

— Alguns anos após meu aprendizado com Ben, fui para casa visitar minha mãe, e fiz questão de visitar outra pessoa também. *Que será que aconteceu com Mordechai Lavon?* Eu me perguntei.

Estaria ainda nas ruas? Ainda mendigando? Ainda ignorado? Em Belém, percorri a rua Manger inteira, perguntando aos comerciantes se conheciam um velho cego que esmolava por lá. Calculei que teria uns 70 anos então. Ninguém parecia conhecê-lo ou se lembrar dele. Até que finalmente topei com uma velha, também mendiga. A pele escura e curtida e suas rugas profundas refletiam uma vida nas ruas e sob o sol. "Mordechai Lavon? Sim, conheci", ela cacarejou. "Sabe onde eu poderia encontrá-lo?", perguntei. "Você não vai conseguir", ela respondeu, com um riso estranho. "Morreu anos atrás. Bem ali, dobrando aquela esquina." Apontou um dedo curto e grosso para uma ruela do outro lado da rua. "O corpo ficou abandonado ali por três dias, a polícia disse. Ninguém viu até que começou a cheirar. Que fedor!", ela disse, estremecendo só de lembrar aquilo. Fiquei surpreso com o impacto que a notícia teve sobre mim. *Que vida solitária*, lamentei. *Tantos fardos, tantas dores. No entanto, cercado por outros tão concentrados nas próprias dores que nem o notaram.* Virei-me para partir. "Ei, senhor", a mulher me chamou. "Que tal um dinheirinho?" Vi-me retesando o pescoço para não vê-la, para não sentir sua humanidade. Aquilo era quase um reflexo dentro de mim. *Meu Deus, a caixa tem um enorme poder de perdurar*, pensei, quase em voz alta. Parei e peguei a carteira. "Qual o seu nome?", perguntei. "Nahla", ela respondeu. "Nahla Mahmuud." Abri a carteira e peguei todas as notas que estava carregando. "Para Mordechai", eu disse, entregando as notas. "Claro, senhor", seu rosto se iluminou. "Para Mordechai."

Yusuf lançou um olhar pelo grupo. Mas agora todos estavam imersos em pensamentos e reflexões.

A mente de Lou se voltava para três pessoas em particular: Carol, Cory e Kate. Sentia um desejo novo despertando dentro dele, inspirado pelos pensamentos daquela manhã sobre Cory. Sentiu o desejo de conhecer melhor seu filho. Sentiu o impulso de começar a lhe escrever uma carta, para pedir desculpas, compartilhar, simplesmente conversar. Teria feito aquilo naquele momento se não estivesse ainda em sala de aula. Resolveu escrevê-la naquela noite e deixar em Camp Moriah para a próxima remessa de correspondência à trilha. *E Kate*, ele pensou. *Estou tão arrependido pelo que fiz: por não escutar, por interferir e controlar como você dirigia a sua equipe, pela minha estupidez. O que posso fazer para reconquistar você? Sim, é isso que tenho que fazer*, ele resolveu interiormente, *tenho que reconquistar você.*

Esse pensamento o levou a Carol, a mulher cujo coração ele "conquistara" e depois esquecera, tantos anos atrás. Esticou o braço e tocou sua mão. *Não voltarei a esquecer.* Mas aí percebeu sua ingenuidade. Claro que esqueceria. A caixa tinha um poder de perdurar, como Yusuf dissera. Lou sabia que tinha muito mais para falar a Carol do que conseguira naquela manhã. Algumas boas intenções não superariam décadas de arrogância. *Tudo que ela precisar eu darei*, ele decidiu.

Você não dará, disse outra voz dentro dele. *Você vai voltar para casa e mergulhar no trabalho de novo, e ela voltará a assumir seu papel de dona de casa e companheira.*

Não, não posso deixar isso acontecer!, Lou gritou para si mesmo.

— O que posso fazer para mudar minha atitude com meus Mordechais antes que seja tarde demais? E como sustentar essa mudança? – ele perguntou, ansioso.

Yusuf sorriu.

— Cada vez que você se sentir preso, seja no trabalho ou na família, terá que encontrar de novo um lugar fora da caixa como encontramos um, aqui, juntos, e depois terá que reagir com curiosidade novamente. Suas perguntas sobre os outros o libertarão de sua justificação e de suas acusações. Por um momento, você será capaz de ver e sentir com clareza e de encontrar um caminho à frente que não via antes. Foi o que aconteceu com você aqui, não foi?

Lou assentiu lentamente com a cabeça.

— Mas se você permanecerá livre — Yusuf continuou —, e em que medida, dependerá do que acontece a seguir.

— O que acontece? — Lou ficou curioso.

— O passo culminante do processo de saída da caixa.

21 • *Ação*

Lou estava curioso.

— Muito bem, qual é esse passo final de que você está falando? — ele perguntou.

— Gwyn — Yusuf disse —, lembra a palavra favorita do seu pai?

— Lembro bem, infelizmente — ela respondeu com um sorriso afetado.

— O que o pai dela tem a ver com isso? — Lou perguntou, impaciente.

— Na verdade, Lou, tem tudo a ver.

— Como assim?

— Gwyn é filha de Ben Arrig.

Lou não ficaria mais surpreso se o Coelho da Páscoa tivesse aparecido na porta. Queixos caíram por toda a sala.

— Não se impressionem — Gwyn disse, ante o silêncio dos olhos pasmos. — Às vezes os nossos pais são as últimas pessoas que conseguimos ouvir, certo? — ela disse, quase que para si mesma.

Em toda a sala, cabeças fizeram movimentos de sim.

— Meus ouvidos se fecharam para as idéias do meu pai durante anos. "Não tente me impor a sua filosofia", eu costumava responder, quando ele tentava sugerir que eu pensasse nas coisas de forma diferente. Ele achava que eu devia parar de odiar meu ex-marido, perdoar uma irmã que me prejudicou e repensar minhas opiniões sobre as raças. Mas ele era meu pai. O que entendia das coisas?

Fez uma pausa, mas ninguém ousou falar.

— Só estou aqui — ela murmurou — porque seu último desejo foi que eu viesse.

Lou quebrou o silêncio.

— Há quanto tempo ele morreu?

— Seis meses — ela respondeu. — Atropelado por um motorista bêbado ao atravessar a rua. Morreu na manhã seguinte.

— Oh! Isso é terrível — Carol exclamou. — Mal consigo imaginar.

Elizabeth deu um abraço em Gwyn.

— Sinto muito, Gwyn — Miguel disse.

— Sim — Rita concordou, balançando a cabeça. — Que tragédia.

— Uma ironia quase insuportável — Gwyn disse. — Papai dedicou a vida a tentar ajudar as pessoas a se libertarem dos rancores que carregam devido aos golpes que sofreram. E foi morto por um bêbado! Suas idéias não conseguiram salvá-lo disso.

— Tem razão, Gwyn — Yusuf concordou. — Não conseguiram. Não dá para evitar totalmente os golpes. Seu pai nunca disse que dava. Mas existe uma maneira de não deixar que os golpes destruam você e sua paz. Mesmo um golpe tão difícil de suportar como esse.

Yusuf olhou para ela.

— Quer fazer uma pausa?

Ela fez que não com a cabeça.

— Estou bem. — Depois ergueu o olhar para Yusuf e Avi. — Obrigada por me ajudarem a ouvir meu pai. Vocês me deram muita coisa para pensar. Oh! — ela acrescentou após um momento, olhando ao redor para o resto do grupo. — A palavra favorita do meu pai era *ação*.

— Ação? — Lou repetiu.

— Sim.

— Por quê?

— Não sei ao certo — ela disse. — Mas acho que Yusuf sabe.

— Acho que sei, sim — ele respondeu. — Era como seu pai lembrava a si mesmo que, embora pudesse sair da caixa encontrando um lugar fora dela e refletindo de novo sobre a situação, só conseguia permanecer fora e longe da caixa executando uma estratégia. Ou seja, ele tinha que *fazer* algo.

— Fazer o quê? — Lou perguntou.

— Algo que só ele podia saber — Yusuf respondeu.

Lou não gostou nem um pouco da resposta.

— Explique melhor o que você quer dizer. Não estou entendendo.

— Claro. Vamos voltar a uma das histórias de que falamos. Lembra como Avi sentiu vontade de escrever uma carta para Hamish?

— Sim.

— Ele depois agiu com base naquele impulso, não foi?

Lou concordou.

— E Mei Li e Mike não apenas pensaram em tirar os sapatos, mas de fato tiraram. E lembre-se de Carol ontem — ele continuou. — Ela pediu desculpas a Miguel diante de todo o grupo, não pediu?

— Sim — Lou disse, num sussurro.

— Ela não só pensou em pedir, mas de fato pediu.

Lou voltou a assentir com a cabeça, e Yusuf olhou diretamente para ele.

— Vou arriscar um palpite sobre você, Lou. Enquanto estivemos juntos, você também sentiu vários impulsos despertando: coisas que sentiu vontade de fazer ou começar a fazer para Cory ou para Carol, ou talvez para alguém do trabalho. Estou certo?

O impulso de escrever uma carta a Cory veio imediatamente à mente de Lou, e de pedir desculpas a Kate e fazer o possível para que ela retornasse à Zagrum. Sem falar no seu impulso de ser diferente com Carol e a percepção de que precisava descobrir o que fazer para evitar que as caixas envenenassem a relação.

— Sim, tenho sentido isso — Lou admitiu.

— Então quero que olhe de novo para o quadro — Yusuf pediu. — Depois que recupero um impulso e uma percepção em relação às pessoas, onde me situo nesse diagrama?

— No alto — Lou respondeu.

— Então, fora da caixa, certo? — Yusuf prosseguiu.

— Sim, acho que sim.

— No momento em que você recuperou um impulso de ajudar, está fora da caixa em relação àquela pessoa. A questão nesse ponto não é como sair da caixa, mas como permanecer do lado de fora. Olhando para o diagrama a partir do alto — ele continuou —, o que você precisa fazer para permanecer fora da caixa?

O DIAGRAMA DA OPÇÃO

Percepção/Impulso
Ajudar Mordechai apanhando as moedas para ele.
(Estou vendo Mordechai como uma PESSOA, com necessidades, interesses, preocupações e temores que importam, como os meus)
Meu Coração Está em Paz

OPÇÃO

Honrar a percepção	Trair a percepção
↓	↓
Continuo vendo que Mordechai é uma pessoa como eu	Começo a ver Mordechai de maneiras que justificam minha autotraição. Ele se torna um OBJETO de acusação **Meu Coração Entra em Guerra**

Visão de Mim Próprio	Visão de Mordechai
Melhor que o outro	Nenhum direito de estar ali
Uma vítima (por obrigação)	Acabou com a minha paz
Mau (foi levado a isso)	Ameaça sionista
Quer ser bem visto	Fanático
Sentimentos	**Visão do Mundo**
Revoltado	Injusto
Deprimido	Opressivo
Amargurado	Contra mim
Justificado	

Estilos Comuns de Corações em Guerra

Superioridade
Merecimento
Inferioridade →
Imagem

— Honrar sua percepção — Lou disse, com a cabeça a mil.

— E qual é a única pessoa que conhece a percepção a ser honrada? — Yusuf perguntou.

Lou refletiu sobre aquela pergunta.

— Acho que é a pessoa que está percebendo.

— Exatamente — Yusuf respondeu. — Por isso não posso lhe dizer exatamente o que fazer. Somente você, o dono de sua vida, que conhece os insultos, as oportunidades perdidas, as pequenas grosserias, saberá. Eu não poderia ter dito a Avi que ele precisava escrever uma carta para Hamish, por exemplo. Somente ele podia saber isso. E observe, não é apenas a percepção do que fazer, mas o *impulso* de fazê-lo que está em jogo. Esse impulso tem que vir de dentro — ele disse. E depois acrescentou: — Como realmente veio em você, Lou.

Yusuf fez uma pausa.

— Quando recuperamos essa percepção em relação aos outros, precisamos agir com base nela. Por isso *ação* era a palavra favorita de Ben. Precisamos honrar as nossas percepções, em vez de traí-las. Se você, Lou, por exemplo, fosse trair a percepção atual em relação aos outros, esteja certo de que se sentiria justificado. Você voltaria então para a caixa. Portanto, a chave para permanecer fora da caixa, uma vez encontrado o caminho, é agir com base nas percepções que está tendo fora da caixa.

Dito isto, Yusuf acrescentou um quarto elemento ao quadro.

RECUPERAÇÃO DA CLAREZA INTERIOR E DA PAZ (QUATRO PARTES)

Saída da caixa

1. Procurar sinais da caixa (acusação, justificação, satanização, estilos das caixas comuns, etc.).
2. Encontrar um local fora da caixa (relacionamentos, lembranças, atividades, locais, etc. fora da caixa).
3. Refletir de novo sobre a situação (ou seja, dessa perspectiva fora da caixa). Perguntar:
   - Quais os desafios, dificuldades, problemas e dores dessa pessoa ou desse povo?
   - Como será que eu, ou algum grupo do qual faço parte, estou aumentando esses desafios, dificuldades, problemas e dores?
   - De que outras maneiras eu ou meu grupo negligenciamos ou maltratamos essa pessoa ou grupo?
   - De que maneiras minhas caixas da superioridade, do merecimento, da inferioridade e da imagem estão obscurecendo a verdade sobre mim e os outros e interferindo nas soluções potenciais?
   - O que sinto que devo fazer por essa pessoa ou grupo? O que poderia fazer para ajudar?

4. Agir com base no que descobri; fazer o que sinto que devo.

— É assim, então — Yusuf disse —, que a paz interior pode ser recuperada, mesmo quando estamos cercados pela guerra. Procuramos sinais da caixa. Encontramos então um local fora da caixa de onde podemos refletir com mais clareza sobre a situação. Aí começamos a levar em conta os fardos dos outros, e não só os nossos. Nesse processo, costumamos ver coisas que não vimos antes, e nos sentimos impelidos a ações novas. No momento em que recuperamos essa percepção ou impulso de ajuda, encontramos nosso caminho para a solução dos conflitos. Se *permanecemos* lá fora e conservamos a paz do coração dependerá de honrarmos essa percepção ou impulso.

— Mas e as guerras à nossa volta? — Lou perguntou. — Não as resolveremos simplesmente encontrando a paz interior, por mais importante que seja.

Yusuf sorriu.

— Isso depende.

— De quê? — Lou perguntou.

— Da natureza do conflito — Yusuf respondeu. — Em conflitos simples entre você e outra pessoa, acho que você se surpreenderia com o grau em que uma solução da guerra interna resolve também a guerra externa. — Seus olhos se fixaram em Lou. — Pense em você e Gwyn, por exemplo. Houve momentos ontem em que vocês quase se engalfinharam. Mas veja como estão hoje.

Olharam um para o outro. Lou simulou um gancho de esquerda, e todos riram.

— Mas e os outros tipos de conflitos? — Pettis perguntou. — Conflitos com raízes históricas, por exemplo, ou conflitos entre muitas pessoas. Um único coração em paz não os resolverá necessariamente.

— Não, tem razão, Pettis. Não resolverá. Mas observe o que *fará*. Estar fora da caixa permitirá que, pela primeira vez, você veja a situação com clareza, sem exagerar nem se justificar. Posicionará você para começar a exercer influência em direção à paz, em vez de contribuir para a guerra. Embora você tenha razão ao dizer que um só coração em paz não solucionará seus complexos problemas externos, sem isso os problemas não podem começar a ser solucionados.

— E então? — Elizabeth indagou. — Ontem você prometeu que terminaríamos com uma estratégia para ajudar os outros a mudar. Suponho que mudar a mim mesma da forma como você nos mostrou seja o primeiro passo necessário. Mas e depois?

— Depois você se esforça para ajudar a corrigir as coisas — Yusuf respondeu.

— Como?

— Fazendo o que viemos fazendo com vocês.

PARTE IV

Disseminação da paz

22 • *Uma estratégia de paz*

— Lembram que ontem de manhã desenhei uma pirâmide e a dividi em dois níveis? — Yusuf perguntou. — Chamei um nível de "lidar com coisas que estão dando errado" e o nível mais profundo de "ajudar as coisas a dar certo". Lembram?

Todos fizeram que sim com a cabeça.

— Então vocês lembrarão como concordamos que normalmente gastamos a maior parte do nosso tempo lidando com coisas que estão dando errado, embora isso não seja o ideal.

De novo o grupo assentiu.

— Gostaria de dar mais detalhes sobre essa pirâmide — ele disse. — Ela forma uma estrutura que governa tudo que fazemos aqui em Camp Moriah com os jovens, com os funcionários, e com vocês. Mostra não apenas como *encontrar* a paz, mas como *criá-la*. Mostra como substituir o conflito pela cooperação. Ontem a chamamos de Pirâmide da Mudança porque ela orienta todos os esforços para fazer os outros mudarem ou melhorarem. Como a mudança em que nós, em Camp Moriah, estamos mais interessados é a mudança da guerra para a paz, primeiro dentro de nós e depois fora, costumamos chamar a versão mais detalhada de Pirâmide da Pacificação.

Yusuf se virou e desenhou uma pirâmide semelhante à da véspera. Como antes, dividiu-a entre lidar com coisas que estão dando errado e ajudar as coisas a dar certo. Mas aí ele a subdividiu ainda mais, em seis níveis, e escreveu "Corrigir" no nível superior.

PIRÂMIDE DA PACIFICAÇÃO

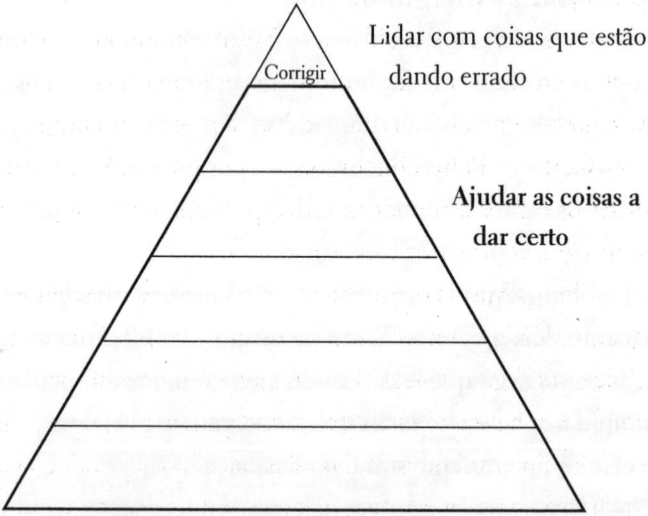

Voltando a olhar para o grupo, ele disse:

— Quando tentamos efetuar uma mudança nos outros, seja numa criança, numa equipe no trabalho ou numa região do mundo, estamos tentando corrigi-los, certo? Estamos acreditando que as circunstâncias melhorariam se o outro mudasse. Não é mesmo?

— Sim — todos responderam.

— Mas isso está errado, não está? — Rita perguntou. — Achar que os outros precisam mudar já é um problema. Certo?

Yusuf sorriu.

— Você acha um problema querer que seu filho mude? — Yusuf perguntou para Rita.

— Não, de jeito nenhum — ela respondeu, séria.

— Se ele não mudar — Miguel resmungou —, a vida dele será um caos.

Yusuf assentiu com a cabeça.

— Então não dá para simplesmente dizer que querer que os outros mudem é um problema, certo? — ele perguntou.

— É verdade — Rita respondeu, subitamente insegura sobre sua compreensão.

— O que seria um problema — Yusuf continuou — é insistir que os outros precisam mudar sem querer examinar como nós mesmos talvez também precisemos mudar. *Isso, sim,* seria um problema.

— Certo — Pettis concordou —, porque você não conseguiria induzir os outros a mudar se estivesse também em conflito. Você só conseguiria provocar resistência.

— Sim — Yusuf concordou. — E há um motivo adicional: posso estar equivocado em minha crença de que eles precisam mudar. Talvez meu cônjuge não seja tão insensato como venho pensando, por exemplo. Ou talvez eu esteja exagerando na reação ao meu filho. Ou talvez a equipe rival no trabalho esteja fazendo algumas coisas certas. Enquanto eu não sair da caixa, não conseguirei distinguir entre as mudanças úteis e aquelas que simplesmente reforçam o conflito.

Yusuf se virou de novo na direção do quadro e escreveu "Sair da caixa/Obter um coração em paz" no nível inferior da pirâmide.

PIRÂMIDE DA PACIFICAÇÃO

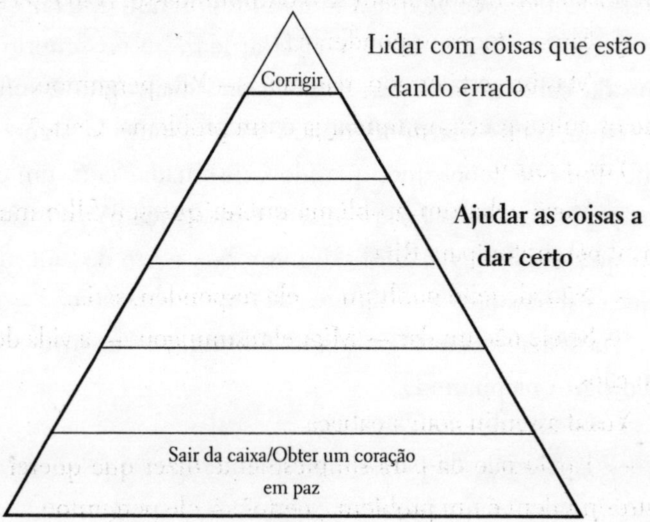

— Para os nossos propósitos aqui — ele continuou —, esse também é o principal problema em cada uma de nossas famílias. Nossos corações têm estado com freqüência em guerra contra os nossos filhos e outros membros da família. Portanto, tudo que temos feito juntos visa a corrigir esse problema. E tudo que fizemos para provocar essa mudança está detalhado nos níveis do meio da Pirâmide da Pacificação.

— Mas eles estão vazios — Lou objetou, meio que de gozação.

— Vamos preenchê-los examinando um exemplo, Lou — Yusuf sorriu. — Digamos, por exemplo, que você precisasse mudar de atitude.

— Situação puramente hipotética — Lou brincou.

— Sim — Yusuf voltou a sorrir. — Suponhamos que, quando você chegou e se sentou aqui ontem de manhã, Avi dissesse: "Lou, você precisa sair da caixa!" Você acha que isso teria ajudado?

— Bem, acho que eu teria levantado e ido embora. — Lou riu. Avi deu um grande sorriso também. — Não, sozinhas estas palavras não fariam o menor sentido.

— Então você vê que a mera ordem raramente faz os outros mudarem — Yusuf disse. — Ela ajudará se eu próprio estiver fora da caixa ao ordenar, mas mesmo assim não é suficiente. Portanto, o que mais poderia ajudar? A pirâmide sugere quatro categorias de ações que, quando combinadas com um coração em paz, geram um forte convite à mudança. A primeira delas é o que estivemos fazendo durante boa parte dos últimos dois dias: ensinando.

Yusuf acrescentou "Ensinar & Comunicar" ao nível abaixo de "Corrigir", na pirâmide.

PIRÂMIDE DA PACIFICAÇÃO

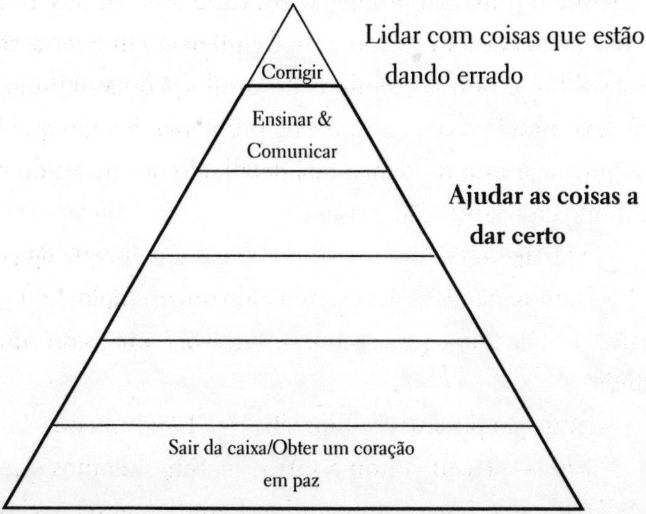

— De nada adianta dizer para saírem da caixa — Yusuf continuou — se vocês nem sabem o que é a caixa. De forma semelhante, qualquer ordem no trabalho será inútil, se as pessoas não tiverem informações necessárias para realizar suas tarefas. Qualquer que seja o contexto, se eu falho no meu ensinamento, minha ordem provavelmente também falhará.

Yusuf continuou:

— Indo mais fundo, não adianta tentar ensinar se eu próprio não estou ouvindo e aprendendo. Tínhamos algumas idéias para lhes ensinar, mas elas não adiantariam muito se ignorássemos os seus problemas e dúvidas e simplesmente agíssemos de acordo com nosso plano.

Yusuf acrescentou "Ouvir & Aprender" ao próximo nível da pirâmide.

PIRÂMIDE DA PACIFICAÇÃO

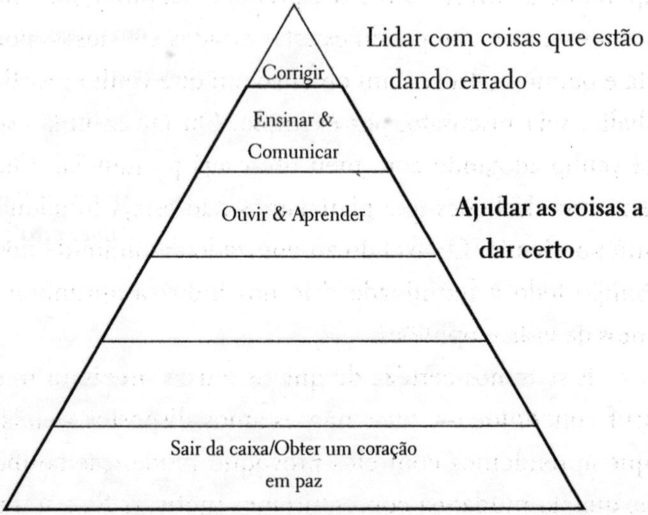

Yusuf virou-se para o grupo novamente.

— Temos tentado ouvir vocês o tempo todo — ele disse — e falar sobre os problemas que preocupam vocês. Ontem, acho que não fiz isso muito bem, pois vocês se lembram que Lou pensou que eu estivesse me esquivando de suas perguntas.

— Na verdade, acho que ele é que estava se esquivando das suas respostas — Elizabeth brincou.

— *Touché*, Elizabeth. — Lou riu. — *Touché*.

Yusuf sorriu também.

— Essa tentativa de aprender com vocês — ele continuou — na verdade começou antes que vocês chegassem aqui ontem. Lembram que pedimos que escrevessem sobre seus filhos?

A maioria na sala assentiu.

— Com isso queríamos aprender sobre vocês, tanto quanto sobre eles. Avi e eu viemos pensando sobre vocês há semanas e tentamos organizar nossos ensinamentos com base no que aprendemos.

— Quanto ao aprendizado — Avi interveio —, outra função importante do nível "Ouvir & Aprender" da pirâmide é nos lembrarmos sempre que podemos estar errados em nossos pontos de vista e opiniões. Talvez um objetivo em que venho insistindo no trabalho seja insensato, por exemplo. Ou talvez uma estratégia que venho adotando com meu filho seja prejudicial. Ou talvez a estrutura de lições que planejamos não esteja funcionando, e assim por diante. O nível do aprendizado da pirâmide nos induz o tempo todo à humildade. Ele nos induz a aprimorar nossos pontos de vista e opiniões.

— E se temos certeza de que os outros precisam mudar — Yusuf concordou —, mas não estamos dispostos a deixar que o que aprendemos com eles provoque mudanças também em nós, quanta mudança conseguiremos motivar? Se não sabemos aprender, nossos ensinamentos serão ineficazes. O fracasso num nível da pirâmide sempre solapa o sucesso em todos os níveis acima. O que nos deixa — ele continuou, apontando para o diagrama — com mais dois níveis para abordar. O que vocês acham que poderia solapar minha disposição ou capacidade de aprender com os outros e, portanto, a eficácia de meu ensinamento?

Ninguém respondeu imediatamente.

— O que acham disso? — ele perguntou, escrevendo "Desenvolver o relacionamento" no próximo nível da pirâmide.

PIRÂMIDE DA PACIFICAÇÃO

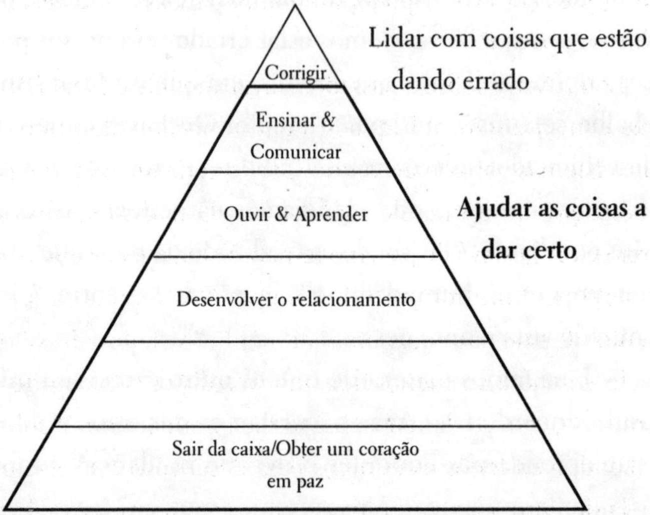

— E se meu relacionamento com as pessoas que trabalham para mim, por exemplo, for ruim? — ele continuou. — Que impacto vocês acham que isso poderia ter sobre a minha capacidade de aprender com eles e a eficácia do meu ensinamento?

Lou pensou imediatamente em John Rencher. Estava claro para Lou que seu péssimo relacionamento pessoal com Rencher dificultara toda a negociação com o sindicato.

— Ou o que acham do seu relacionamento com o filho que trouxeram para nós? — Yusuf continuou. — Vocês diriam que é sólido e saudável?

Ombros despencaram por toda a sala.

— Se não é, aposto que existe muita coisa que vocês não sabem sobre seus filhos, muita coisa que eles não contam para vocês. Isso prejudicou o aprendizado de vocês, de modo que seus esforços para ensinar e corrigir também foram prejudicados. Talvez vocês estejam precisando desenvolver o relacionamento com seus filhos. Esqueçam por um momento os problemas. O que eles gostam de fazer? Vocês poderiam dedicar algum tempo fazendo isso com eles? Que ações vocês poderiam tomar para ajudar a desenvolver o relacionamento?

Lou refletiu sobre o passado. Havia anos ele e Cory não tinham uma conversa franca. Eles costumavam jogar golfe juntos, tempos atrás. Ele não sabia mais o que Cory queria da vida, quais as suas esperanças, ou o que ele sonhava ser. Lou sequer sabia ao certo como Cory gostava de passar o tempo. Sabia apenas que não queria de jeito nenhum ter um filho drogado! As repreensões e ensinamentos de Lou não exerciam mais nenhum efeito sobre Cory. Agora ele entendia ao menos dois motivos disso: confiara demais em si mesmo, sem se dar ao trabalho de aprender com e sobre Cory; e abandonara todos os esforços para desenvolver o relacionamento. Tudo entre eles, nos últimos anos, girara em torno do vício de Cory. Estava nas entrelinhas de cada palavra entre eles.

Lou fez um sinal de não com a cabeça.

— Que patético — ele disse.

— O quê? — Yusuf perguntou. — O que é patético?

— Minha conduta — Lou respondeu. — Está na cara que eu devia ter dedicado algum tempo a desenvolver meu relacionamento com Cory, mas este pensamento nem passou por minha cabeça ultimamente. É como se estivesse cego ou algo semelhante.

— Exatamente — Yusuf disse. — Pense nisto: se estou convencido de que tenho razão, dificilmente verei onde estou falhando. Assim, fico batendo na mesma tecla: os mesmos sermões, por exemplo, e os mesmos castigos. E vivo obtendo os mesmos resultados: problemas com as outras pessoas.

— O que vem no último espaço? — Pettis quis saber. — Entre *Desenvolver o relacionamento* e *Sair da caixa*?

— Os outros — Yusuf respondeu. — Porque esse nível da pirâmide envolve o desenvolvimento de relacionamentos com pessoas que tenham influência sobre a pessoa ou grupo que estamos tentando ajudar. No caso de seus filhos, se queremos ter uma influência positiva sobre eles, temos que desenvolver um relacionamento forte com vocês. A pirâmide lembra aos pais a mesma coisa: que precisam desenvolver relacionamentos com aqueles que têm influência sobre seus filhos, a começar pelo cônjuge. Ou ex-cônjuge, se for o caso.

— E os amigos? — Rita perguntou. — Vocês estão dizendo que precisamos desenvolver relacionamentos com eles?

— Espero que não seja isso que vocês querem dizer — Pettis se manifestou. — Não concordo com alguns dos relacionamentos de minha filha. São parte do problema. Quero que ela se afaste deles.

— As suas denúncias distantes dessas amizades fizeram com que sua filha as abandonasse? — Yusuf perguntou.

Pettis hesitou:

— Na verdade, não.

— Então, que tal pensar em aplicar a pirâmide à sua situação? — Yusuf sugeriu. — Vou completá-la. Vejamos a estrutura geral.

PIRÂMIDE DA PACIFICAÇÃO

Olhando para Pettis, Yusuf continuou.

— Suponho que você vem tentando punir sua filha pela escolha dos amigos, talvez os criticando ou a impedindo de vê-los.

Pettis assentiu ligeiramente com a cabeça.

— Tenho a impressão de que, embora você tenha tentado falar com ela a respeito, a comunicação não tenha tido sucesso.

— Sim, quase sempre tem sido assim — Pettis admitiu.

— Nesse caso, a pirâmide pede que pensemos mais profundamente — Yusuf respondeu. — O próximo nível pede que você reflita sobre se tem ouvido a sua filha e aprendido com ela. Você sabe o que a atrai a esses amigos, por exemplo? Sabe quais os interesses dela e, portanto, por que escolheu os amigos que tem? Sabe quais as suas dificuldades? Sabe, por exemplo, como o seu divórcio afetou sua filha?

Essa revelação surpreendeu Lou. Ele sequer notara que Pettis estava sozinho. Olhou para o nível do aprendizado da pirâmide. *Talvez eu não me importe suficientemente com os outros para sentir curiosidade sobre eles*, pensou. O pensamento o oprimiu.

— Ou, indo ainda mais fundo — Yusuf continuou —, quão sólido é seu relacionamento com sua filha? Quanto melhor o relacionamento, mais fácil será ela ouvir suas opiniões sobre os amigos. Você tem passado bastante tempo com ela para desenvolver o relacionamento? E, finalmente, como vão os relacionamentos com outros que têm influência sobre ela? Com a mãe, por exemplo, e os amigos.

Lou olhou para Pettis, que parecia aflito.

— Veja bem — Yusuf continuou —, aprendi algo interessante com um de meus próprios filhos. Ele tinha um amigo de quem eu também não gostava. Nem um pouco. Tentei todas as estratégias paternas comuns. Falava mal do garoto, impedia meu filho de vê-lo, e assim por diante.

Pettis ergueu o olhar aflito para Yusuf.

— Por isso consegui adivinhar que você também tentou — Yusuf sorriu. — Certa vez, quando reclamei a respeito com Avi, ele disse que eu devia começar a praticar o que vinha ensinando! Após esse puxão de orelhas, tentei aplicar a pirâmide à situação. No meu caso, meu filho só começou a perder o interesse pelo seu amigo depois que comecei a convidá-lo para vir à nossa casa. Naquela altura, eu começara realmente a gostar do rapaz. Fiquei até triste com seu sumiço. Até eu mudar de atitude em relação ao meu filho, meus esforços para afastá-lo dos amigos só faziam com que gostasse ainda mais deles.

Yusuf olhou para Pettis, que parecia imerso em pensamentos.

— Procure se aproximar de sua filha — Yusuf começou —, e vocês poderão descobrir respostas novas. Na verdade — ele continuou, olhando para os demais em volta —, nós *todos* descobriremos respostas novas. Se a aplicarmos, a Pirâmide da Pacificação nos guiará em todas as nossas interações: em nossos lares, nos nossos locais de trabalho e no mundo. Ela sugerirá ações, ao mesmo tempo que manterá puras as nossas mentes e corações. E nos ajudará a aumentar nossa influência positiva em todos os contextos, mesmo nos mais difíceis. Isso — ele continuou — se lembrarmos de aplicar as lições importantes da pirâmide.

23 • *Lições*

— Lições? — Lou perguntou.

— Sim — Yusuf respondeu. — A pirâmide traz três lições importantes, axiomas que orientam sua aplicação a todas as situações. Já mencionamos a primeira.

Ele escreveu o seguinte.

LIÇÃO 1

A maior parte do tempo e esforço deve ser despendida nos níveis inferiores da pirâmide.

— Lembrem: devemos passar a maior parte do nosso tempo nos níveis da pirâmide abaixo da correção, exatamente o contrário do que normalmente fazemos. Devemos passar a maior parte do nosso tempo ativamente ajudando as coisas a darem certo, em vez de lidar com as coisas que estão dando errado. Devemos sair da caixa, desenvolver relacionamentos, ouvir e aprender, ensinar e comunicar. Onde as circunstâncias nos obrigam a aplicar algum tipo de punição, seja colocando uma criança de castigo ou enviando aviões de guerra para bombardear um país que nos atacou, os níveis inferiores da pirâmide se tornam ainda mais importantes. A punição é, por natureza, provocante. Portanto, quando optamos por punir, precisamos aumentar ainda mais os esforços nos níveis inferiores da pirâmide. Se acreditamos na necessidade da força militar, por exemplo, seria bom aumentar ainda mais nossa comunicação, aprendizado e esforços para desenvolver o relacionamento. Quando vivemos ativamente esses níveis inferiores da pirâmide, normalmente descobrimos que precisamos dedicar menos tempo à punição do que no passado. Também descobrimos que, quando precisamos aplicar punições, seu impacto tenderá a ser maior que no passado, porque elas resultarão de um esforço permanente e de um contexto. Não mais parecerão caprichosas ou arbitrárias, mas ligadas aos nossos esforços mais profundos para acertar as coisas. Seja em casa, no trabalho ou entre as nações do mundo, a lição número um da Pirâmide da Pacificação é que mais tempo e esforço deveriam ser gastos nos níveis inferiores da pirâmide. Agora, vamos à lição número dois.

LIÇÃO 2

A solução de um problema num nível da pirâmide está sempre em um nível inferior da pirâmide.

— Essa lição também contraria o nosso reflexo normal. Quando nossa correção não está funcionando, normalmente aumentamos a pressão e corrigimos mais. E, quando nosso ensinamento é fraco, muitas vezes tentamos salvá-lo falando mais e insistindo mais. Ou seja, repetimos a lengalenga na tentativa de corrigir os problemas criados pela lengalenga!

Lou pensou em todas as suas sessões de "ensinamento" com Cory.

— E se eu aprendo e aprendo, a ponto de revisar minhas opiniões, mas os problemas persistem — Yusuf continuou —, talvez o que eu precise é ir a campo me envolver pessoalmente com os outros. Talvez eu precise aumentar meus esforços para desenvolver relacionamentos com as pessoas com quem estou lidando e com os outros que lidam com elas. Mei Li nos mostrou um dos segredos para desenvolvermos relacionamentos aqui em Camp Moriah:

em tudo que fazemos com os outros, tentamos "tirar nossos sapatos" junto com eles. Enfrentamos as mesmas limitações que eles e cumprimos as mesmas exigências. Por exemplo, a tarefa que demos a vocês ontem no almoço, de ver todo mundo naquele período como uma pessoa, Avi e eu também cumprimos. E refletimos sobre os conflitos e caixas de nossas próprias vidas ontem de noite, como pedimos que vocês fizessem. E assim como vocês perceberam, durante o nosso tempo juntos, que precisam fazer coisas para alguém, nós também tivemos as mesmas percepções e partiremos hoje com o mesmo compromisso de vocês: fazer o que percebemos que devemos para ajudar as coisas a dar certo. Se constato que tenho dificuldades em desenvolver relacionamentos apesar de todos os meus esforços, essa segunda lição sugere que uma solução, se existir, não será encontrada simplesmente passando mais tempo com os outros. Posso ter um problema no nível mais baixo da pirâmide, na minha maneira de ser. O que nos traz — Yusuf concluiu — ao nível inferior da pirâmide, e à sua terceira lição.

LIÇÃO 3

Em última análise, minha eficácia em cada nível da pirâmide depende do nível mais baixo: minha maneira de ser.

— Posso me esforçar ao máximo para desenvolver relacionamentos — Yusuf disse —, mas, se eu estiver em conflito, a tentativa não adiantará. Se estou na caixa enquanto tento aprender, ouvirei apenas o que quero ouvir. E, se estou na caixa enquanto tento ensinar, despertarei a resistência dos meus ouvintes.

Yusuf olhou para o grupo em volta.

— Minha eficácia em tudo acima do nível mais baixo da pirâmide depende desse nível mais baixo. Minha pergunta a vocês é: por quê?

Todos olharam para a pirâmide.

— Vocês podem tentar olhar o diagrama da maneira de ser, de ontem — Yusuf sugeriu.

— Descobri — Lou disse após um momento.

— O quê? — Yusuf perguntou. — O que você está vendo?

— Bem, o diagrama da maneira de ser informa que quase todo comportamento externo pode ocorrer de duas maneiras: com um coração em guerra ou um coração em paz.

— Sim — Yusuf concordou. — E o que isso tem a ver com a Pirâmide da Pacificação?

— Tudo acima do nível mais baixo da pirâmide são comportamentos — Lou respondeu.

— Exatamente — Yusuf disse. — Portanto, tudo que faço para desenvolver relacionamentos, para aprender, para ensinar ou para corrigir pode ser feito dentro da caixa ou fora. E, como vimos ontem no diagrama do conluio, quando ajo de dentro da caixa, desperto resistência. Embora existam duas maneiras de invadir Jerusalém, somente uma delas provoca a cooperação. A outra lança as sementes de seu próprio fracasso. Assim, embora a pirâmide informe o que devemos examinar e que tipos de coisas devemos fazer para induzir os outros a mudar, essa última lição lembra que isso não pode ser forjado. A pirâmide ajuda sempre a lembrar que posso ser o problema e dá dicas de como começar a me tornar parte de uma solução. Uma cultura da mudança jamais pode ser criada apenas pela estratégia comportamental. A paz, seja em casa, no trabalho ou entre povos, só surge quando uma estratégia externa inteligente está de mãos dadas com uma estratégia interna pacífica. Por isso passamos grande parte do nosso tempo tentando melhorar nesse nível mais profundo. Se não acertarmos os nossos corações, as nossas estratégias pouco importarão. Mas, uma vez que acertemos os nossos corações, as estratégias externas adquirem grande importância. A virtude da pirâmide é que ela nos lembra da base essencial, a mudança em nós mesmos, enquanto revela uma estratégia comportamental para provocar a mudança nos outros. Ela nos lembra de permanecermos fora da caixa, ao mesmo tempo que nos ensina a induzir os outros a saírem dela também.

Enquanto escutava, Lou viu como a pirâmide poderia ajudá-lo na Zagrum. Em primeiro lugar, precisava que Kate voltasse. Antes ele não sabia por onde começar, mas agora compreendia que precisava conversar com ela, mostrar o que descobrira sobre si mesmo e contar sobre as mudanças que estava decidido a fazer. E sabia também que tinha que pedir que o ajudasse a ver onde ele continuava cego. Precisava aprender com ela, e estava enfim disposto a isso, assim que ele e Carol retornassem.

O que o trouxe de volta a Carol. Sabia que tendia para as caixas da superioridade e do merecimento e que, como resultado, os outros costumavam desaparecer no cenário. Temia que isso se repetisse, especialmente em relação a Carol. Ocorreu-lhe que a pirâmide poderia ajudar. Se conseguisse sempre se lembrar de praticar os níveis inferiores da pirâmide, lembraria de permanecer no meio do aprendizado com Carol: preocupar-se com seu dia, por exemplo, e seus sentimentos. Seria bom também não parar de se esforçar para desenvolver o relacionamento: passarem mais tempo juntos fazendo o que ela gosta, por exemplo. E, no nível inferior da pirâmide, sabia que precisava estar sempre lembrando que foi Carol quem manteve a família unida, mesmo com ele muitas vezes atrapalhando. Se conseguisse sempre lembrar aquilo, seria mais difícil se achar superior ou mais importante.

Lou voltou a olhar para a pirâmide. Agora tinha alguma esperança. Mas ainda estava preocupado.

— Tenho medo de falhar — confidenciou em voz alta.

— Claro que você vai! — Yusuf brincou. — Claro que vai falhar. Nós todos iremos. Afinal, você é uma pessoa, não um autômato. Se a possibilidade de falhas o paralisa, é bom se perguntar qual caixa está exigindo que você seja perfeito.

— Você está dizendo que tenho uma necessidade de ser perfeito?

— É uma hipótese a considerar. As caixas da imagem podem exercer um efeito paralisante.

Lou deu uma risada.

— Qual é a graça? — Yusuf quis saber.

— Tento me convencer de que não tenho problemas de imagem, mas eles vivem pipocando.

— A maioria de nós se justifica, em certo grau, de cada uma das formas básicas — Yusuf explicou. — Pelo menos comigo acontece.

Yusuf olhou para todos em volta: Lou, Carol, Elizabeth, Gwyn, Pettis, Miguel, Rita, Teri e Carl.

— Infelizmente, ao menos para mim — acrescentou com um sorriso —, o nosso período de convívio está quase terminando. Gostei do tempo e esforço que vocês dedicaram ao programa. Vocês estiveram refletindo sobre as suas vidas de formas ousadas. Espero que, como resultado, estejam ao mesmo tempo preocupados e inspirados: preocupados porque sabem que permanecer em conflito é uma questão de opção, mas esperançosos pelo mesmo motivo: porque se libertar da caixa também é uma questão de opção. Uma opção que podemos fazer a cada momento. Posso mencionar mais uma coisinha antes de nossa despedida? — ele perguntou.

— Claro — todos responderam.

— Gostaria de contar a vocês por que resolvemos chamar nossa instituição de Camp Moriah.

24 • *Paz no monte Moriah*

— Como já mencionamos — Yusuf começou —, Moriah é o monte em Jerusalém agraciado com o santuário muçulmano conhecido como Domo da Rocha. Esse local é, sem dúvida, o mais reverenciado pelas religiões do mundo. Para os muçulmanos, é um de seus locais mais sagrados. Para judeus e cristãos, lembra o Templo Sagrado da Antigüidade, e alguns o vêem como o local onde um dia outro templo será erguido. Os olhos e corações do mundo se voltam para o monte Moriah. Por causa disso, esse pedaço de terra tão reverenciado constitui um símbolo visível tanto de nossos conflitos como de nossas possibilidades. Um lado pode afirmar que é seu local sagrado pelos milênios afora. Outros podem acreditar que lhes foi legado por Deus. Parece haver pouca oportunidade para a paz, nesses pontos de vista. Sob outro ângulo, porém, essa crença fanática proporciona o portal para a paz, porque somente quem valoriza e reverencia algo consegue entender o que isso significa para os outros. Do lado de dentro da caixa, as paixões, crenças e necessidades pessoais parecem nos dividir. Mas, quando saímos da caixa, constatamos que se trata de uma mentira. Nossas paixões, crenças e necessidades não dividem, mas unem: é *em virtude* de nossas paixões, crenças e necessidades que podemos ver e entender os outros. Se valorizamos as nossas crenças, sabemos quão importantes as crenças dos outros devem ser para eles. E, se temos necessidades, a nossa própria experiência nos equipa para observar as necessidades dos outros. Subir o monte Moriah é subir uma montanha de esperança. Ao menos é o que acontece quando elevamos a alma a um mirante fora da caixa, um lugar de onde vemos não apenas prédios e casas, mas pessoas também. E assim uma terra permanece dividida. E, nessa terra, um monte repleto de significados ergue-se como um símbolo tanto da divisão como da esperança de superá-la.

Após breve pausa, retomou o fio da meada:

— Os nossos lares e locais de trabalho estão divididos também. Dentro deles se erguem os nossos próprios montes Moriah: questões externas que passam a simbolizar todo o tumulto interno que estamos sentindo. Num lar pode ser a louça suja, em outro as finanças, e num terceiro a disciplina dos filhos. No trabalho, podemos nos fixar no cargo, no status ou no nível de respeito de que nos julgamos merecedores. Começamos a batalhar em torno dessas questões e, quanto mais batalhamos, maiores elas parecem, até que se erguem montanhas em nossos lares e ambientes de trabalho. O problema, é claro, não está na montanha, seja essa montanha a louça, o gramado ou o cargo. Ou mesmo que seja o próprio monte Moriah. Não, o problema reside *sob* a montanha, nas realidades de nossos corações que transformam essas montanhas em campos de batalha. Soluções duradouras para os nossos conflitos externos só são possíveis na medida em que encontramos soluções reais para os nossos conflitos internos. Um cessar-fogo instável pode ser possível em Israel enfocando-se apenas a superfície das coisas: a economia, por exemplo, ou a segurança. Mas não a paz duradoura. O mesmo se aplica aos nossos lares e locais de trabalho.

— Mas o cessar-fogo *é* preferível ao derramamento de sangue — Gwyn observou.

— Com certeza — Yusuf concordou. — Mas não vamos nos iludir. Uma trégua, embora preferível atualmente, ainda é uma guerra em potencial. Soluções duradouras para as batalhas em nossos locais de trabalho, lares e regiões de conflito só serão encontradas se acabarmos com a guerra em nossas almas. Para isso, primeiro precisamos encontrar e ampliar os lugares fora da caixa. E podemos ajudar os outros a se livrarem das guerras internas, sendo para eles um lugar fora da caixa, como Ben foi para mim, como Hamish foi para Avi, como Mei Li e Mike foram para Jenny, e como todos vocês se tornarão uns para os outros. Nós começamos a viver a pirâmide juntos, razão pela qual os nossos sentimentos agora são bem mais pacíficos do que ontem de manhã.

O grupo se entreolhou.

— Meus amigos — Yusuf prosseguiu —, Avi, eu e nossa equipe prometemos fazer o máximo para sermos esse tipo de lugar para os seus filhos. Tiraremos os nossos sapatos para eles, esperando criar um espaço que os leve a refletir sobre as suas vidas e fazer as mudanças necessárias. Convidamos vocês a fazerem o mesmo, seja lá o que isso signifique para vocês.

Lou ansiou pelo dia, dentro de dois meses, em que voltaria a ver seu filho — "descalço", ele esperava, se conseguisse preservar o que aprendera até então. Nesse ínterim, tinha algumas cartas para escrever.

— Mas e se meu filho continuar se drogando? — Miguel perguntou. — E se esse programa não der jeito nele?

— Então ele terá a sorte de ter um pai como você, Miguel, que lutará para amá-lo da mesma maneira.

— Mas eu não quero um filho drogado!

— Claro que não. Razão pela qual você não deixará de ajudá-lo, por mais demorado que seja. Mesmo que ele não goste. Não se iludam — Yusuf acrescentou. — Apesar de todos os nossos esforços, podemos descobrir que algumas batalhas são inevitáveis. Alguns à nossa volta optarão pela guerra. Nesses casos, lembremos Saladino: embora certas guerras externas talvez sejam inevitáveis, elas podem ser travadas com corações em paz. E — ele disse enquanto lançava um olhar grato pela sala — lembremos a lição mais profunda também: que a tão esperada paz externa — sua, minha, do mundo — depende menos da paz que buscamos ou das guerras que travamos externamente do que da paz que estabelecemos interiormente. O que deve despertar esperança, pois isso significa que, por mais desoladoras que as coisas pareçam lá fora, a paz que dá início a tudo, a paz interior, é só uma questão de opção. Uma opção muda tudo. Vocês já sabem disso, pois estão começando a se sentir diferentes em relação aos seus filhos. Se conseguirmos encontrar o caminho da paz em relação a filhos que roubaram de nós, cônjuges que nos maltrataram e até bêbados que nos privaram de nossos pais — ele disse, olhando para Gwyn —, haverá alguma montanha alta demais para os seres humanos escalarem? Seu cônjuge, seus filhos, seus colegas, seus inimigos: se vocês optarem por vê-los como pessoas, poderão descobrir soluções nunca vistas e mirantes onde possam conviver.

Sobre o Arbinger Institute

O Arbinger é um instituto internacional que ajuda organizações, famílias, indivíduos e comunidades a solucionar os problemas criados pelo fator pouco conhecido, mas comum, do auto-engano (ignorar e resistir ao fato de que se tem um problema). A maioria dos conflitos é perpetuada pelo auto-engano, assim como a maioria das falhas nas comunicações e dos colapsos de confiança e responsabilidade. A não ser que se consiga resolver o problema do auto-engano, esses outros problemas necessariamente persistirão.

No entanto, tente dizer a alguém que ele tem um problema: a profundidade do problema do auto-engano ficará clara. Como ajudar alguém a ver algo que ele não está disposto a ver? Eis o desafio central criado pelo problema do auto-engano, desafio que o trabalho do Arbinger Institute pretende superar.

Os materiais do Arbinger Institute instruem as pessoas sobre o problema do auto-engano, e suas metodologias ajudam as pessoas a superá-lo. Nas palavras de um resenhista de *Resolvendo conflitos*, "o Arbinger Institute ajuda as pessoas a enxergarem de maneira diferente os problemas, os conflitos, os desafios, as oportunidades, os outros". Ao que outro resenhista acrescentou: "Não conheço nenhuma ferramenta ou maneira de pensar que contribua tão magistralmente para a paz real e duradoura — nas famílias, organizações, comunidades e nações".

As idéias do Arbinger Institute resultaram de décadas de pesquisas, feitas por uma equipe internacional de estudiosos do problema do auto-engano. A nova compreensão que emergiu gradualmente começou a se infiltrar na consciência pública. No início da década de 1990, o Arbinger Institute foi criado para apresentar essas descobertas a indivíduos e organizações ao redor do mundo.

O primeiro livro do Arbinger Institute, *Saia de sua caixa: Liderança e auto-engano* (Editora Record, 2003), rapidamente se tornou um best-seller internacional. Lançado sem estardalhaço quando o instituto e seu trabalho eram pouco conhecidos, o livro ganhou um tremendo impulso graças à propaganda boca a boca. As vendas do livro continuam aumentando em ritmo crescente até hoje, e ele está atualmente disponível em 20 idiomas.

Desde a publicação de *Saia de sua caixa: Liderança e auto-engano*, muitos leitores pediram um livro que apresentasse de forma mais profunda o trabalho do Arbinger Institute, aplicando-o mais explicitamente também aos problemas fora do local de trabalho. *Resolvendo conflitos* foi escrito com esse propósito, com base no desejo de ajudar a resolver grandes e pequenos conflitos que oprimem as famílias, os locais de trabalho e as comunidades.

O Arbinger Institute é formado por pessoas com formação em negócios, direito, economia, filosofia, família, educação, aconselhamento e psicologia. Elas vêm de diferentes ambientes culturais e de todas as tradições religiosas ou seculares e sistemas de crenças. Compartilham uma compreensão e uma paixão profundas pelas idéias subjacentes ao trabalho do Arbinger Institute: um modelo convincente da compreensão humana que oferece às pessoas uma linguagem comum para conversarem sobre suas divergências e darem soluções a elas, quaisquer que sejam suas culturas, raças, classes sociais, religiões e crenças.

Os membros do Arbinger Institute estão mobilizados em quatro direções: ajudar (1) organizações, (2) comunidades, (3) indivíduos e famílias e (4) aqueles que exercem as chamadas profissões de ajuda (psicólogos, médicos, enfermeiros, sacerdotes, etc.). Em apoio a esses grupos, o instituto oferece cursos públicos, serviços de consultoria e aconselhamento, e intervenções organizacionais sob medida (incluindo opções de *train-the-trainer*). Os clientes do Arbinger Institute variam de indivíduos buscando ajuda em suas vidas a algumas das maiores empresas e instituições governamentais do mundo.

O Arbinger Institute já interveio em uma vasta diversidade de setores, incluindo telecomunicações, finanças, vendas, energia, tecnologia aeroespacial, seguros, tecnologia da informação, bancos, saúde, família e educação; e em centenas de organizações que incluem clientes como Microsoft, IBM, Wells Fargo, Fedex, AT&T, 3M, Cornell University, Compaq, SAABMiller, Nestlé e muitas outras.

Com sede nos Estados Unidos, o Arbinger Institute possui agora escritórios em vários países, incluindo o Brasil, Reino Unido, França, Alemanha, Holanda, Israel, Índia, Cingapura, Austrália, Taiwan, Coréia, Japão, México, Canadá e Bermudas. Sua direção internacional está nas mãos de Jim Ferrell, Duane Boyce, Paul Smith e Terry Warner. Diretores executivos locais conduzem o trabalho do instituto em territórios ao redor do mundo.

Para obter mais informações sobre os *workshops* públicos do Arbinger Institute, visite o site da instituição em http://www.arbinger.com. E, sobre o Arbinger Institute Brasil: brasil@arbinger.com.

INFORMAÇÕES SOBRE OS
PRÓXIMOS LANÇAMENTOS

Para receber informações sobre os lançamentos da EDITORA SEXTANTE, basta cadastrar-se diretamente no site www.sextante.com.br

Para saber mais sobre nossos títulos e autores, e enviar seus comentários sobre este livro, visite o nosso site www.sextante.com.br ou mande um e-mail para atendimento@esextante.com.br.

EDITORA SEXTANTE
Rua Voluntários da Pátria, 45 / 1.404 – Botafogo
Rio de Janeiro – RJ – 22270-000 – Brasil
Telefone (21) 2286-9944 – Fax (21) 2286-9244
E-mail: atendimento@esextante.com.br